阪神タイガース認定レシピ集

トラめし

HANSHIN Tigers

強い体、疲れない体をつくる!

監修

阪神タイガース
栄養アドバイザー
吉谷佳代

KODANSHA

はじめに

アスリートにとって食事は、パフォーマンスを支える大切な要素です。「野球が仕事」のプロ野球選手のエネルギー消費量は一日５０００kcalに上ることもあり、大きな体格を維持しつつ、怪我や痛みを出さずにしっかりと動き続けるために、日々の食事はなくてはならないものです。そしてもう一つ、食事は「心の栄養」でもあります。試合や練習から帰ってきた時の温かくおいしい食事は、緊張やプレッシャーから解き放たれ、ホッと心が休まるものです。

申し遅れましたが、私は阪神タイガース栄養アドバイザーの吉谷佳代と申します。「体と心に栄養を送り届ける」ために、２０１５年より虎戦士のサポートを行ってきました。

そしてこの度、２０２３年リーグ優勝&日本一を記念して、阪神タイガース認定のレシピ本を出版することになりました。この本では、表舞台で戦う裏側で、虎戦士の力の源となっている食事や体づくり・コンディショニングの秘訣などをギュッと凝縮してお伝えします。

レシピは、虎戦士が日頃食べているメニューをもとに紹介していますが、野球をはじめ様々なスポーツをしている方、大きく成長したいお子様から、体のことや健康に気をつけたい成人の方まで幅広い年齢、目的の方に使っていただける情報を盛り込みました（レシピの内容はプロ野球選手向けなので、運動をしない方や女性、お子様の場合は食べる量を減らすなどの調整をしてお使いください）。もちろん、虎戦士の食にまつわるエピソードもたくさん紹介していますので、タイガースを愛して応援してくださる全ての皆様に楽しく読んでいただける本にもなっています！

本書が、一人でも多くの方の成長や健康維持にお役立ていただけることを心から祈っています。

「トラめし」で毎日のパフォーマンスが変わる！

「トラめし」とは、虎戦士が実際に食べている「勝負に勝つ」ためのアスリートメニュー！ 運動する人にとって3つのいいことがあります。

「トラめし」3つの特長

体をつくる

体重と筋肉を増やして力強く投げる、打つ&速く走る体へ

P.25へGO!

体格が大きく運動量が多いプロ野球選手は、エネルギーの材料となる炭水化物（糖質）とたんぱく質をしっかり摂ることがカギ！ さらに、体づくりを助けるビタミンB群、血液の材料となる鉄や、骨の材料となるカルシウムも欠かせません。「体をつくる！ トラめし」では、炭水化物であるごはんがすすむおかずや、知らず知らずのうちに炭水化物とたんぱく質が補えるメニューを紹介！ たくさんエネルギーを必要とするアスリートや毎日運動をする人がマネすることで、大きい体・強い体・結果を出す体を目指せます。

リカバリーする

「疲れ貯金ゼロ」でタフな勝負にも粘り勝ちできる体へ

P.43へGO!

リカバリー（recovery）とは、回復・取り戻すといった意味の言葉。プロ野球選手は体に高い負荷がかかるトレーニングを行いつつ、平均約3時間に及ぶ試合をこなします。もちろんその間、高い集中力とスタミナを維持しなくてはなりません。だから、翌日のパフォーマンスを決める運動後のリカバリーがとっても重要！「リカバリーする！トラめし」では、疲労回復と筋肉修復に必要な栄養素を効率よく摂れて、夏バテ気味でも食べやすいメニューを揃えました。「疲れ貯金ゼロ」を目標に、緑黄色野菜もおいしく食べて超回復しよう！

体をしぼる

「動きのキレ」を手に入れて思い通りのプレーができる体へ

P.59へGO!

自分の理想とする動きを実現するために、プロ野球選手はときに体をしぼることがあります。ただし、普通のダイエットと違って、大幅な体重減少は野球選手にとってパワー不足の原因にも。そこで「体をしぼる！ トラめし」では、「体脂肪を減らす」ことを軸に置きながら、体を軽くして動きのキレをアップするためのアスリートメニューを紹介。高たんぱく・低脂質の食材でも、パサつきや食べにくさを改善すれば立派なご馳走めしに！ 脂質を制限する人もしっかり栄養を摂りながら、「もっと動ける体」をつくれます。

CONTENTS

人気虎戦士たちはこうして強くなった！
トラめしMVP

PART 3 体をしぼる！トラめし

PART 4 活力の基礎！主食と汁物

PART 5 忙しい人のためのお助けトラめし

コツを掴んでさらにパフォーマンスUP！ もっと知りたいトラめし

本書の使い方

毎日のパフォーマンスを支える「トラめし」。作り方はどれもシンプルなので、気になったメニューや冷蔵庫にある材料から作ってみるのもおすすめです。ここでは、実際に料理をする前にチェックしておいてほしいことをまとめました。

暑い時期は夏バテしないようニラ玉をよく食べます。好きな炒め物を食べるとパワーが出ます！
中野拓夢選手
51
PART 1
Physical Recipe
体をつくる！
トラめし
全試合フルイニング出場の虎の侍！ 中野拓夢51の「強い気持ちめし」
主菜
簡単スタミナ しらすニラ玉
「強い骨」をつくるカルシウムたっぷりのスピードおかず
{材料／2人分}
ニラ……1束
ごま油……適量
A しらす……大さじ2
A 卵……2個
B しょうが……1片
B しょうゆ……小さじ½
{下準備}
❶ニラは5cm長さに切る。しょうがはすりおろしておく。
❷Aは混ぜ合わせておく。
{作り方}
❶フライパンにごま油を熱し、ニラを炒める。
❷Aを入れて大きく混ぜ、卵が好みのかたさになるまで炒める。
❸Bを加え、さっと炒めたら完成。
たんぱく質 11.7g
脂質 8.1g
炭水化物 2.4g
塩分 1.3g
カルシウム 92mg
調理時間 7分
エネルギー（1人分） 133kcal
栄養豆知識
カルシウムが豊富なしらすは強い骨をつくるアスリート食材。卵・ニラには疲れにくい体をつくるビタミンA、C、Eがたっぷり。
トラめしmemo
栄養指導に基づいた食事で、筋肉量の増え方が変わりました。（島田海吏選手）
32

選手コメント

虎戦士の「お気に入りメニュー」は選手のコメント付きで紹介！

栄養価

たんぱく質・脂質・炭水化物・塩分は、1食（1人分）あたりの値を表示しています。この4項目に加え、「アスリートにとって特筆すべき栄養素を含む」ものは1項目追加しています。

追加栄養素：ビタミンA、ビタミンB_1、ビタミンB_6、ビタミンC、ビタミンE、カルシウム、カリウム、鉄、食物繊維

トラめし memo

虎戦士たちに聞いた食事や体調管理にまつわるプチ情報をお届け！

下準備

下準備の内容を表示しました。

栄養豆知識

レシピの特徴や、スポーツと栄養にまつわる知識のポイントをお伝えします。

エネルギー

1食（1人分）あたりの値を表示しています。

〈本書のきまり〉

- 材料の重量は、骨や皮など食べられない部分を除いた重量です。
- 野菜は水洗いをし、通常皮を剥くものは処理してから調理してください。
- 計量カップは200ml、計量スプーンは大さじ1が15ml、小さじ1が5mlです。
- 調理時間はレシピ通りに作った目安です。米の炊飯時間など、実際に手を動かさなくてもよい時間は含まれません。
- 電子レンジの加熱時間は600Wのものを基準にしています。500Wの場合は1.2倍にしてください。
- 電子レンジやオーブンの加熱時間は目安です。必要に応じて調整してください。
- 材料に出てくる「だしの素」は和風のだしの素を使用しています。
- 材料に出てくる「しょうゆ」は濃口しょうゆ、「砂糖」は上白糖を使用しています。
- 栄養価は文部科学省科学技術・学術審議会資源調査分科会報告『日本食品標準成分表（八訂）増補2023年』をもとに算出しています。

〈レシピ活用のコツ〉

- 本書では、阪神タイガースの選手たちが食べているアスリートメニューをもとに、一般のご家庭でもおいしく食べられるレシピをご紹介しています。運動をしない方、女性の方、ご高齢の方、お子様は、食べる量を減らすなどで調整してください。

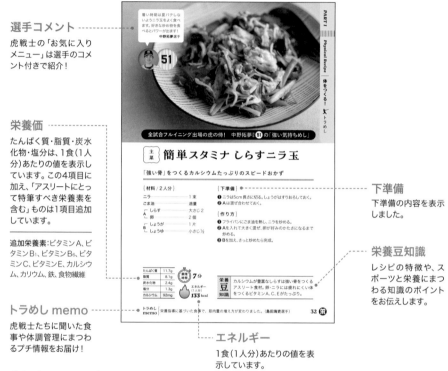

人気虎戦士たちは こうして強くなった！

トラめしMVP

桐敷拓馬
選手
page22

村上頌樹
選手
page20

森下翔太
選手
page18

中野拓夢
選手
page16

近本光司
選手
page14

大山悠輔
選手
page12

2023年、38年ぶりの日本一を達成した阪神タイガース。その勝利に大きく貢献した虎戦士たちの「食事の秘密」とは？ パワーの源となった食べ物、スタミナを支えた補食、決戦前に食べた勝負めし——。プロ野球選手として食事に真剣に向き合う「トラめしMVP」選手たちの言葉に、強く・大きく成長するためのヒントが盛りだくさん！

食事は、他の誰とも違う自分を知ること

大山悠輔 3 選手

昔はジャンクフードが大好きで、しょっちゅう食べていました。若い頃は特に気にすることもなかったのですが、30歳に近づいてきて、やっぱりこのままではだめだと反省して。どういうものを口にするのがいいか、真剣に考えるようになりました。食事に対する意識は、だいぶ変わりましたね。

お気に入りメニューはコレ!

大山選手の

小麦粉不使用

お好み焼き

こってり味のお好み焼きなのに、小麦粉不使用で食物繊維も摂れる!

レシピは64ページへ

プロとしての体づくりは小さな「見直し」から

プロ1年目には「もっと体重を増やせ。でも体脂肪は減らせ」という指令が出ていたんです。でもこれが結構難しくて。自分ではどうしたらいいかわからなかったので、栄養士の吉谷さんに相談したところ、「**まずは飲み物から替えてみよう**」とアドバイスしていただきました。

よく飲んでいた甘い炭酸ジュースをやめて、糖質飲料はフルーツなどの自然由来のものから補給。特に、炭酸ジュースを「炭酸水」に替えたことが一番大きかったと思います。食事も、毎回写真を撮って吉谷さんに送り、フィードバックをもらいながら改善を重ねて、体を徐々に変えていくことができました。

自分を「実験台」にして色々試してみる

試合前の昼ごはんはうどんを食べることが多くて、温泉卵2個とネギをトッピングしています。**試合が始まる直前にも、バナナを1本補給。これを食べるか食べないかで、試合終盤の体の動きも含め、試合中のパフォーマンスが違ってくる。**僕にとっては、「試合前の1本のバナナ」が特に大事だと感じています。

ただ、シーズン中はなるべく食べたいものを食べるようにしています。揚げ物は消化に時間がかかりますし、試合前に食べるとやはり体が重くなる感覚もあるので少し控えていますが、全く食べないわけでもありません。「我慢するけど、我慢しない」というか。

その日の調子や時期によって体の重さも違うので、その時々に応じて食事の量を多くしたり、摂るものを替えたりしています。これからもいい意味で、自分を「実験台」にしながら色々試してい

今日の食事がこの先を変える。そう思って食べています

Yusuke Ohyama

悠然と煌めく不動の四番、攻・守で燃える牙を剝く

PROFILE

おおやま・ゆうすけ

1994年12月19日生まれ
181cm/94kg/右投右打
茨城県出身：つくば秀英高–白鷗大–阪神（17❶～）

きたいと思っていますね。

自分を知ることが この先の可能性になる

何を食べたら一番動きがよくなるのか。逆に何を食べると体が重くなるのか。食事に真剣に向き合うことは、「自分を知ること」だと思います。自分の動きは自分が一番わかっているけれど、食事を通して見てみると、自分についての勉強になることがたくさん出てくるんです。

入団時、「体重を増やして体脂肪を減らす」という課題に取り組む中でもわかったのは、他の選手にとっては体重が増えない食べ物も、僕が食べると太ってしまうことがある、ということでした。人によって全然違うんですよね。

もっと早く、今ぐらい自分に関心を持てていたら、何かが違ったんじゃないか——そう考えることもあります。ですが、それは毎日試行錯誤を重ねて自分を知れたからこそ生まれた感情なので、僕の中では「前向きな後悔」だと受け止めています。

試合中のパフォーマンス向上はもちろん、僕はできるだけ長く野球選手として現役でいたいですし、選手を引退してからの長い人生も健康に過ごしたいと思っています。だから、今のうちに**日々の食事を通して自分をよく知っておくことは、未来の可能性を広げること**にも繋がると考えています。

吉谷's Comment

「体重増・体脂肪減」を目指して、トレーニングも人一倍こなしていた大山選手。ビュッフェで食事に悩みすぎて、ミニトマトだけを取って固まっていた時もありましたが、たゆまぬ努力で目標達成した姿に私も感動しました。

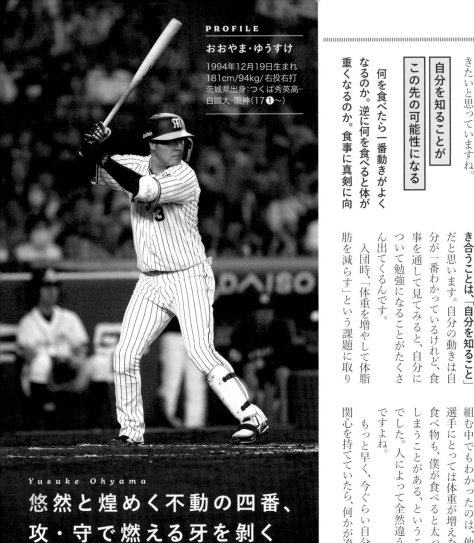

トラめしMVP

Koji Chikamoto

勝利への執念と戦略。
日本一への航路に
光を照らす
スピードスター

食べる楽しさを忘れないのもこだわり

近本光司 5 選手

PROFILE

ちかもと・こうじ

1994年11月9日生まれ
171cm/69kg/左投左打
兵庫県出身：社高–関西学院大–大阪ガス–阪神（19❶〜）

食事は栄養バランスが偏らないよう三食しっかり食べて、補食もいつ何を食べたらいいか考えながら摂っています。ただ、**これまで食事にはかなりこだわってきたので、今はむしろ「食べたいものを食べる」がベース。**その方が精神面にも好影響を及ぼしますし、自分のパフォーマンスも上がると感じています。

注意しているのは、「体に悪いものはなるべく摂らない」ことくらい。揚げ物も絶対に食べないわけではなくて、消化が悪いのでナイター後は避けたり、摂る脂の量などに気をつける感じです。

お気に入りメニューはコレ！

近本選手の

疲労回復のちらし寿司

運動後はさっぱりした酢飯が食べたくなる。バランスもいい一品！

レシピは48ページへ

ナイター後の食事は消化にいいものを優先

2023年の日本シリーズ最終戦前夜に食べたのは、冷たいおそばとかでしたね。連戦ではどうしても体力が落ちてきますし、ナイターの後は寝る時間が遅いので、しっかり食べてしまうと体への負担が大きい。**消化が早く体に負担がかからないもの**を吉谷さんにも相談しながら摂っていました。

でも、普段の昼ごはんは全然気にせず食べています。遠征先

「食べたいものを食べる」のもパフォーマンス向上には大切です

や行った場所によって食べるものは違いますが、東京では「とんかつ」、名古屋では「台湾まぜそば」を必ず食べに行きますね（笑）。コンディションが悪くならなければ同じものを食べ続けたりもします。ちなみに**朝ごはんは、卵かけごはんと温野菜に鶏肉系のおかずが定番です。**

パフォーマンスを維持する こだわりの「補食」

試合のある日は、まず試合の約2時間半前にしっかりごはんを食べ、試合開始の30分前と試合開始後1時間以内に補食でエネルギーを補給。リカバリーを考えて、試合後もすぐ補食を摂るようにしています。

試合中の補食は、僕の場合「theANko」という液状のあんこが多いです。一般的なスポーツドリンクと比較してエネルギーゆるやかに長時間維持できるのと、液状なので試合中でも摂りやすい。これ1つで大体おにぎり1個分の糖質とエネルギーが補給できますし、無添加というのも選んでいるポイントです。**日頃から食品表示を見て、添加物は極力避けるようにしています**ね。

栄養を学ぶことで 自分に合う食事もわかる

僕にとって食事は「生きること」そのもの。だから「体にいい」とされるものでも、嫌いなものや食べるのが苦痛なものは、「自分にとっていい」とは言えないんじゃないか？とも感じていて。それよりは、**「また食べたいな」「あれが食べたいな」と思うものを食べる方が、体にとってもプラスに働くのではないか**と考えているんです。

もちろん、体にいいもの・悪いものをきちんと知っておくことが大前提。そもそも、僕には「体に悪いものを食べたい」という欲求があまりないというのもあります。

食の知識は本で学んだり、吉谷さんに教えていただいたりしました。今でも覚えているのが、社会人野球チーム所属の頃、吉谷さんが指導に来てくださった時のこと。僕はコンビニのごはんはあまり利用してこなかったのですが、「コンビニならおにぎりとサラダに、これもプラスしましょう」というお話をされていたんです。

「これは食べちゃダメ」というマイナスの選択肢よりも、**「この場合はこう食べる」というプラスの選択肢を増やした方が色々試せて、自分に合った食事もわかってきます。**

この本のレシピはプラスの選択肢を増やすのにぴったりだと思います。

吉谷's Comment

食事への意識が高い近本選手は、選ぶ食事を見ていても栄養バランスのよさを感じる選手の一人です。学ぶ姿勢も真剣で、クイズ形式の栄養ドリルもほぼ満点。そのストイックさが他の虎戦士にもいい影響を与えています。

体が整う食事なら 長いシーズンも戦い抜ける

中野拓夢選手 51

以前はバランスを考えずに、食べたいものを偏って食べていたことも多かったんです。ですが、2022年頃からは栄養バランスも考えて、食事に野菜の緑をプラスしたりと、少しずつ変えていきました。

野菜を意識的に食べるようにしてからは、疲労が溜まりづらくなり、夜もぐっすり眠れるように。2023年のシーズンでは、特にそれを実感しましたね。脂っこいものを好きなだけ食べていた時は、満腹感や消化の悪さを感じて寝つきが悪くなることも少なくありませんでしたが、そうした不調がほとんどなくなりました。

全試合出場の秘訣は「空腹の時間」をつくらない

ただ、夏場になるとどうしても水分を多く摂るので、食事量が減って体重も落ちてしまうのが悩みでした。そのまま放置すれば体重が減り続けてしまう、でも一食の量を増やすのは難しい。そんな状態だったので、補食の頻度を増やして体重をキープできるよう工夫しました。

具体的に「何回」と数えたことはないですが、**僕の場合の補食のコツは、「空腹の時間をなるべく減らす」こと。**体重キープの意味もありますし、僕は空腹でプレーするよりも、お腹に何か入っていた方が調子もいいんです。なので、**ベンチでもおにぎりやバナナを食べて、こまめにエネルギー補給**しています。

サプリメントやオイル お助け食品の力も借りて

栄養士の吉谷さんにも、体重の減少を抑えるための対策を相談しました。教わったのは、プロテインやアミノ酸の摂り方、**「MCTオイル」を食事に取り入れて、エネルギーをプラス**することなど。これまであまりサプリメント類を取り入れてこなかったので、自分では思いつかない視点のアドバイスがありがたかったです。

そうして色々と試した結果、夏場の体重減少も抑えられるようになり、2023年の1年間をしっかり戦い抜くことができました。

ちなみに僕の場合、ナイターの翌朝は朝ごはんを基本食べません。睡眠を優先して昼前ぐらいにゆっくり起きるので、朝昼兼用でごはん、味噌汁、あとちょっとしたおかずを軽く食べることが多いですね。その後、球場に移動してから、練習後や試合前にちゃんとした食事を摂るようにしています。2023年の日本シリーズ最終戦当日も、そんなふうに過ごしたと思います。

お気に入りメニューはコレ!

中野選手の 簡単スタミナ しらすニラ玉

スタミナ食材のニラと栄養バランスのいい卵。ごはんも進みます!

レシピは32ページへ

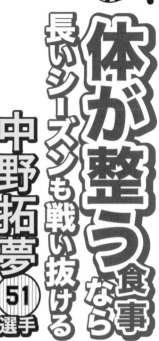

体調に密接に関わる食事
役割の大きさを甘く見ない

試合前には甲子園球場名物の「甲子園カレー」もよく食べていました。甲子園カレー、おいしくて大好きなんです。一時期は先輩たちがゲンを担いで、みんなでカツカレーにしていたこともありました(笑)。

2024年はウエイトトレーニングにも力を入れているので、たんぱく質を摂りつつも、野菜の量をさらに増やすなどして偏らないよう心がけています。

食事はやはり、体調面にも密接に関わってきます。いいものを食べれば体が整いますし、空腹のままだと体がどこか〝気持ち悪い感じ〟がする。プロ野球選手として「体を整える」うえでは、食事が持つ役割はとても大きいと感じていますね。

また1年間を万全のコンディションで戦い抜くためにも、食事については常に考えながら取り組んでいきたいです。

夏場の食欲不振にはちょこちょこ補給で!

吉谷's Comment

夏バテや暑さによる食欲減退・体重減少は、プロ野球選手共通の悩み。中野選手のように、補食や間食の「ちょこちょこ食べ」を増やしたり、消化吸収が速くエネルギーになりやすい「MCTオイル」を活用するのがおすすめ！

Takumu Nakano

強靭な心と体で
打って・守って、
夢をつなぐ猛虎戦士

PROFILE

なかの・たくむ

1996年6月28日生まれ
171cm/67kg/右投左打
山形県出身：日大山形高−東北福祉大−三菱自動車岡崎−阪神(21❻〜)

パフォーマンスに直結するから真剣に向き合う

森下翔太 1 選手

長いシーズン期間中エネルギー切れを起こさないためにも、ごはんはしっかり食べます。魚も肉も両方摂りますし、効率的なエネルギー代謝のために、主食は米と麺類を一緒に補給。僕はわりと体重をキープできる方ですが、疲労で食べる量が減ると徐々に体重が落ちてしまうので、食事でのカバーは必須。特に、筋肉が分解されるのを避けるために、たんぱく質は意識的に摂ります。

麺類にはネギや卵をトッピングして、栄養をプラスする食べ方を栄養指導で教わりました。

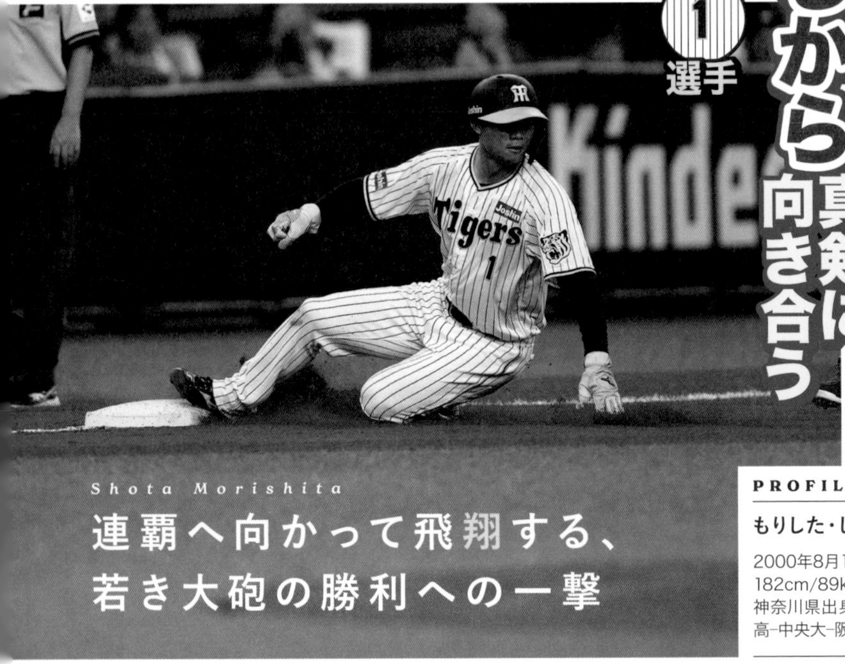

Shota Morishita

連覇へ向かって飛翔する、
若き大砲の勝利への一撃

PROFILE

もりした・しょうた

2000年8月14日生まれ
182cm/89kg/右投右打
神奈川県出身：東海大相模高−中央大−阪神（23❶〜）

森下選手の お気に入りメニューはコレ！

豆乳担々うどん

お昼によく食べるうどん。トッピングで栄養補給も意識！

レシピは98ページへ

苦手な食べ物は食べられそうな形で摂る

実はサラダが得意ではなくて、昔からずっと「**野菜は汁物で補給**」していました。入団後は、栄養と食物繊維が豊富と教わってから玄米をよく食べています。おいしい玄米なので、白米ばかり食べていた僕でも無理なく続けられています。苦手な人にアドバイスするとしたら、「おかずと一緒に食べればおかずの味になります」ということでしょうか（笑）。

乳製品や牛乳も苦手であまり口にしませんが、寮に常備されている「R－1」のドリンクタイプはカルシウム補給のために飲み続けています。大きな変化があるというより、体調を崩しにくくなった、いい状態がキープできるようになった気がします。**自分に合った食べ物かどうかは、一回試すだけでなく、毎日続けてみないとわからない**。そのことを改めて実感しています。

　試合中は、主に5回の時に補食を食べます。ベンチ裏に用意していただくおにぎりやゼリーが多いですね。サプリメントはビタミンと亜鉛を。特にスポーツ選手は亜鉛が不足しやすいので、意識して摂っています。

Tiger
毎日続けて
調子を確認。
自分に合う食事を
見極めます

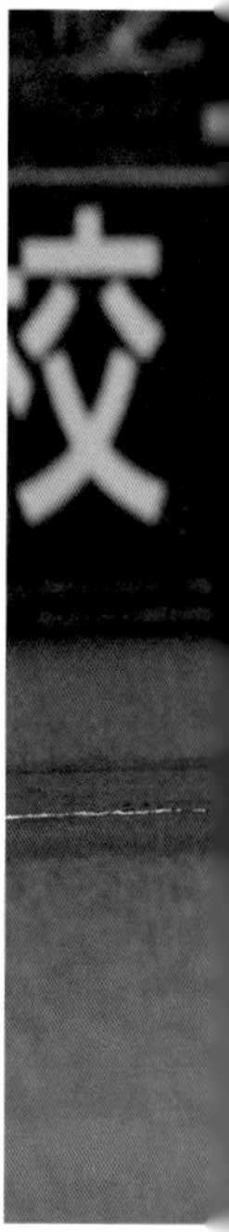

ウエイト後と試合後は必ずプロテインを摂取

　プロテインを飲み始めたのは高校時代から。ウエイトにも力を入れていた高校だったので、1年生の頃から飲んでいました。**今もウエイト後と、試合後のプロテインは欠かせません**。ちなみに、お酒はほとんど飲まないです。ごはんを食べている時にあまりお酒を飲めなくて。外食に行っても、結局ソフトドリンクを頼んでいます。

理想に近づくために自分に合ったサイクルを

　プロになりたての頃は食べたいものを食べていたんです。でも、例えば試合前に揚げ物を食べすぎると「体のキレが悪い」と感じることもあって。今はバランスを考えて、酢の物を一緒に摂るなども意識しています。ただ、夜はたんぱく質を意識しつつも、がっつり食べるのが基本。僕の場合は、ナイター後でもしっかり食べた方が疲労回復に繋がる。翌朝もしっかり食べて、**自分に合った食事のサイクルを回す**ようにしています。入寮してからは、メニューが豊富で栄養価も高い食事を毎日食べられるので、自然と栄養補給できてすごくありがたいです。

　野球選手にとっての食事は、体をつくるエネルギー源であり、「パフォーマンスに直結するもの」だと思います。例えば、バットを振った時に何か動きづらさを感じたら、「食べた物が原因かも」ということも考えてみる。自分が理想とするパフォーマンスを再現性よく発揮するためにも、**食事による「マイナスポイント」をなるべくつくらないようにする**。これもプロとしての仕事の一環だと考えています。

吉谷's Comment

強豪校で活躍していた森下選手。入団１年目から栄養の基礎はしっかり知っていました。なので、筋力増強や体重維持のために、エネルギーとたんぱく質の効率的な摂り方を指導。食事面でもプロ意識の高さが光る選手です。

食事も練習のうち
筋トレとセットで好循環を
村上頌樹 41 選手

魚の脂が体にいいことを栄養指導で教えていただいて、魚をよく食べるようになりました。食事の組み立ては、一つのものをたくさんよりも、**小鉢や野菜、色々なものを少しずつ食べる**ようにしています。

登板日の朝の緊張を乗り切るための食事

主食はなるべく玄米を選択。玄米は今まであまり食べてこなかったので最初は恐る恐るでしたが、「金芽ロウカット玄米」は食感も白米とさほど変わらないのですぐに慣れました。

試合中は
こだわりの
ドリンクで
パワーチャージ
します！
Tigers

白米でも玄米でも、**「お米を食べる」ことで効率よくエネルギーを補給できる**と感じています。なので、僕はあまりパンを食べません。寮では、朝の「R－1」ドリンクを習慣化。飲み始めてから、風邪を引きづらくなったように感じています。

2023年には先発ローテーションの一角として投げさせていただきましたが、登板する日の朝は、体が緊張して食事が喉を通らないこともあったんです。試合中のパフォーマンスをどうしたら維持できるか、栄養士の吉谷さんにも相談して教えていただいたのが、**「登板日の朝は無理せず食べられるものを。バナナ1本でもいいからエネルギーを補給する」こと。そして、「まだ食欲がある前日に普段よりも多めに食事を摂ること」**でした。

この食事法を知って以来、登板までにどう食事すればいいかが明確になり、マウンドにも落ち着いて立てるようになりました。

試合中のドリンク補給は栄養をカスタマイズ

試合中の補食は、主に投げ終わった後にアイシングをしながらおにぎりを食べたりしています。でも試合中はもっぱら、ドリンクで栄養補給していますね。

ちなみに、試合中にベンチで飲むドリンクは、選手それぞれにこだわりがあるんです。僕の場合、運動中の筋肉の分解を抑えて筋肉疲労の回復にも役立つBCAAというアミノ酸が入ったドリンク。それと、効率的にエネルギーを補給できる糖質が入ったドリンクを飲んでいます。この二つのドリンクのテーマは、ずばり「パフォーマンスを上げる」です。

夏は炎天下でプレーするので、夏バテにも気をつけないといけ

お気に入りメニューはコレ！

村上選手の
マグロガーリックステーキ

たんぱく質は魚で積極的に。マグロのステーキは食べ応えも満足！

レシピは30ページへ

ません。ビタミン類が摂れる食べ物はもちろん、どうしても不足しがちな栄養素はサプリメントで摂るようにしています。肌を守るための日焼け止めも欠かせません。少し意外かもしれませんが、夏は選手たちみんな、日焼け止めスプレーを浴びるようにかけています(笑)。

運動と食事の両輪で 体はつくられていく

球団のYouTubeの企画「突撃!虎戦士の晩御飯」で〝栄養大臣〟に任命されていた**石井大智選手は、いつでもどこでもすごくバランスの取れた食事を選んでいる**んです。キャンプや遠征先のホテルはビュッフェ形式なんですけど、石井選手のトレーは参考にしたくなりますね。

プロ野球選手にとって、筋トレや練習はもちろん大事ですが、一番体をつくってくれるのはやっぱり食事。いくら筋トレを頑張っても、偏った食事をしていたら意味がありません。逆に、筋トレした分をしっかり補う食事を意識すれば、練習に打ち込める体力もついてくる。**運動と食事が好循環を生み出すことで、体も自然と出来上がってくるん**です。だから僕は、「**食事も練習のうち**」だと思っています。

虎の未来を担う 本格派右腕。上昇気流で さらなる高みへ

Shoki Murakami

PROFILE

むらかみ・しょうき

1998年6月25日生まれ
175cm/82kg/右投左打
兵庫県出身:智辯学園高–東洋大–阪神(21❺～)

吉谷's Comment

試合前の選手たちのプレッシャーは想像を絶するものがあり、「緊張で朝、食欲がない」という選手は少なくありません。そんな時は村上選手のように、バナナ1本だけでも「食べられそうなものをこまめに食べる」ことが大切です。

食事は、睡眠と同じくらい大切な準備

桐敷拓馬 47 選手

中継ぎとして登板したのは2023年はシーズンの後半からでしたが、投手の中でも、中継ぎはいつでも登板できるよう準備しておく必要があるため、食事も毎日しっかり摂ります。ただ僕の場合、疲労回復を目的に食べすぎるとすぐ体重が増えてしまうので、食物繊維を意識しつつ色々な食材をバランスよく食べるように心がけています。

栄養価の高い玄米で 体の変化を実感

主食は玄米が中心。独特なにおいが苦手という人もいますが、寮では栄養価が高くてクセのない「金芽ロウカット玄米」を出していただいているので、僕は普通の白米と同じ感覚でおいしく食べています。玄米にして一番変化を感じたのは、試合や練習で疲れた翌朝でも、**「コンディションがいまいちだな」という体調の波がなくなった**こと。主食以外では、野菜を多めに、揚げ物は控えめにして、牛乳やヨーグルトなどの乳製品は食事の最初に摂るようにしています。

「体重管理」は僕の大きな課題の一つなので、**朝起床したらまず体重を計って記録することをプロ1年目から継続**しています。特にオフシーズンは運動量が減りますから、開幕に合わせて体重とコンディションをいかに自分のベストに持っていくかを、春季キャンプでは強く意識していますね。

球団では定期的に血液検査も行っていて、僕自身よりよい状態を目指すために、**気になる数値を相談して食事指導**をしていただいています。食べた方がいいもの、控えた方がいいものを教えてもらい毎日実践した結果、今では理想の数値に近づきました。それに伴って、パフォーマンスが上がっているのを自分でも実感できています。

「決戦の日」の朝ごはんは いつも通りを心がけて

2023年の日本シリーズ第6戦の後は、寮に戻って小鉢のおかずを中心に夕食を食べました。ナイターで帰寮時間が遅かったにもかかわらず、寮の食堂のみなさんが料理を作って

お気に入りメニューはコレ!

桐敷選手の

絶品! 焼き牛丼

試合前は丼物と麺類を合わせ食べ。牛丼は特に力が湧きます!

レシピは34ページへ

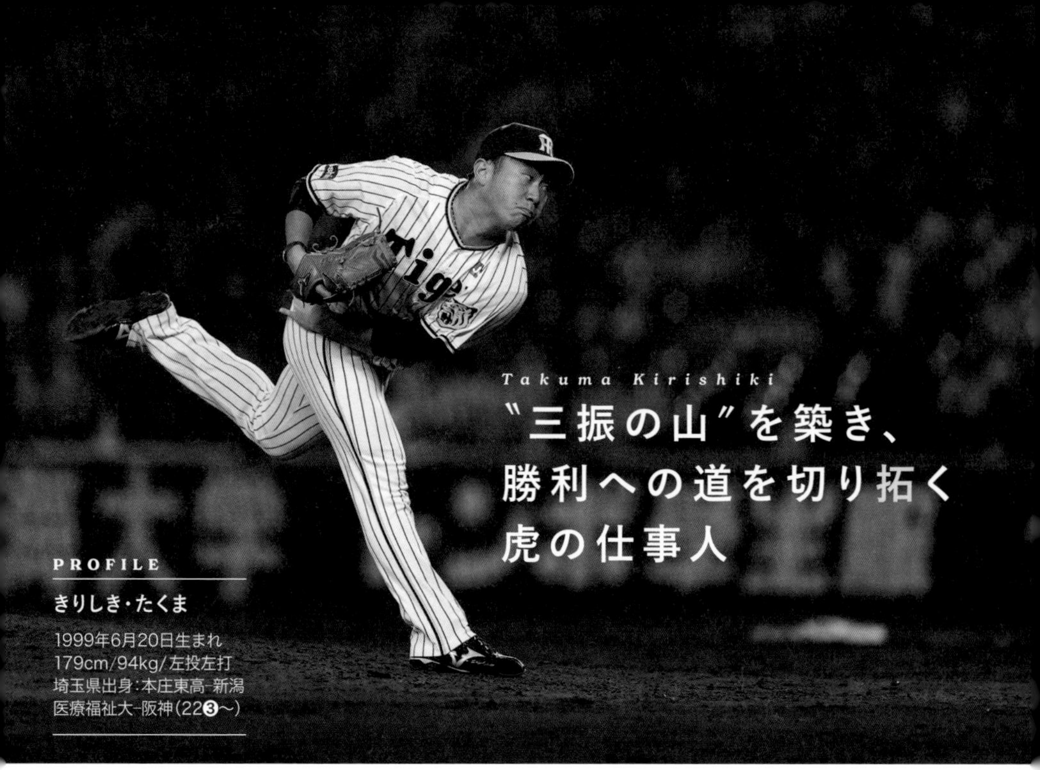

Takuma Kirishiki

〝三振の山〞を築き、勝利への道を切り拓く虎の仕事人

PROFILE

きりしき・たくま

1999年6月20日生まれ
179cm/94kg/左投左打
埼玉県出身：本庄東高-新潟医療福祉大-阪神（22③～）

待っていてくださったんです。**最終戦の朝はエネルギー補給のため、丼物とそばを合わせ食べ。**「ゲン担ぎのために特別なものを食べる」というより、普段と変わらない朝ごはんでした。

実はカレーが大好物なので、プロ1年目の時は大事な試合前によくカレーを食べていたんです。でも、体重が増えやすい体質のことも考えて、試合前でも普段通りの食事を摂るように徐々に変えていきました。

もちろん、今でもカレーは大好きです！　たまにしか食べないので、余計においしくて。子どもっぽいかもしれませんが、**寮の献立にカレーがあると楽しみでソワソワしちゃいます。**

プロ野球選手にとって食事は「準備」の一つ

食事は睡眠と同じくらい重要だと感じています。もちろん睡眠も大切ですが、どれだけいい寝具を使っても、睡眠だけでコンディションを維持するのは難しいんです。疲れを取るためにストレッチで体をケアする。質のいい睡眠をとる。それと同じように、**食事に気を配ることは、プロ野球選手として「準備」の一つ**だと思っています。

このことを日頃から意識できるようになったのは、栄養士の吉谷さんがアドバイスしてくださったからこそ。そのアドバイスがなかったら、僕は今も大好きなカレーばかり食べていたかもしれないです(笑)。

吉谷's Comment

パフォーマンス向上を目指す選手に対して、血液検査の結果をもとに栄養指導を行うことがあります。桐敷選手はその一人。努力家の桐敷選手は肝機能維持のため、玄米と野菜の摂取を意識して毎日地道に食事改善に取り組みました。

まだまだある！ 虎戦士たちの力めし

寮やクラブハウス、遠征先ホテルで虎戦士に活力を与えているメニューは？ 選手たちに聞きました！

寮の 豚キムチ丼

食べると
元気・パワーが出ます！
糸原健斗選手

33

虎風荘の名物！
絶品すぎて太ります。
岩貞祐太選手

14

クラブハウスの からあげ

超おいしい。
気分もアガるし調子も出ます！
伊藤将司選手

27

クラブハウスのからあげは
めちゃくちゃウマイ！
西純矢選手

15

おいしすぎて、試合前なのに
つい食べすぎてしまう……。
加治屋蓮選手

54

遠征先のホテルの ビュッフェ

球団に吉谷さんが来てから、遠征先のホテルなどの料理の種類がかなり増えました。
バランス最高です！ でもおいしいから食べすぎちゃいます（笑）。

原口文仁選手

94

クラブハウスの 担々うどん

おいしくて、
試合前にいっぱい食べられないときでもさらっと食べやすい！

湯浅京己選手

65

クラブハウスの カツ丼

いつ食べてもおいしい！
調子が上がるので、試合前に必ず食べてます。

島本浩也選手

46

体をつくる！トラめし

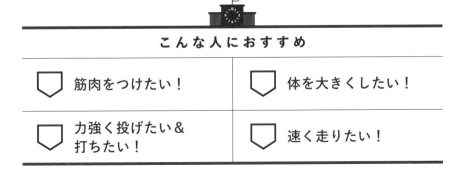

こんな人におすすめ

- 筋肉をつけたい！
- 体を大きくしたい！
- 力強く投げたい＆打ちたい！
- 速く走りたい！

体をつくる トラめしのトリセツ

満塁ホームランもノーヒットノーランも、勝負に勝てる強い体はバランスのよい食事から! 栄養素の基礎を知るトラめし「はじめの一歩」。

体づくりの基礎となる「五大栄養素」とは?

筋肉を大きくするには、**「運動・食事・休養」の3つのサイクルを回す**ことが大切です。筋肉は、❶運動によって負荷をかける→❷必要な栄養素を送り込む→❸以前よりも筋線維が太くなる——毎日のこの繰り返しで大きくなるからです。

食事による「必要な栄養素の補給」では、食品に含まれる栄養素の中でも**「五大栄養素」と呼ばれる炭水化物(糖質)、たんぱく質、脂質、ビタミン、ミネラルの5つをバランスよく摂取する**のがポイント。それぞれの働きは異なりますが、どれも体づくりに欠かせません。

① 炭水化物(糖質)	体を動かすエネルギー源。炭水化物が不足するとたんぱく質もエネルギー源として使われてしまいます。糖質・脂質・たんぱく質の三大栄養素を十分摂ることが体づくりへの近道! 多く含まれる食品：ごはん、うどん、パン、パスタ、いも類など
② たんぱく質	筋肉や血液、骨など体の組織をつくる材料になります。プロ野球選手は特に意識したい栄養素。筋肉づくりのためには体重1kgあたり1日1.2〜2.0gのたんぱく質が必要です。 多く含まれる食品：肉類、魚介類、卵類、豆類など
③ 脂質	運動時間が長くなると、中盤から終盤にかけて炭水化物に次ぐエネルギー源として使われます。油脂の摂りすぎは体脂肪率アップや体内の炎症を起こしやすいので注意。 多く含まれる食品：バター、オリーブオイル、大豆油、ラード、肉・魚類の脂身など
④ ビタミン	炭水化物、たんぱく質、脂質の働きを助けてくれます。特に、エネルギーをつくる時にはビタミンB_1やB_2が、筋肉をつくる時にはビタミンB_6やCが必要になります。 多く含まれる食品：**B_1**：豚肉、**B_2**：うなぎ、**B_6**：マグロ、**C**：オレンジなど
⑤ ミネラル	体の機能を正常に保つ上で欠かせないミネラルは16種類あります。特に体づくりでは、骨の材料になるカルシウム(Ca)や、血液の材料になる鉄(Fe)を意識して。 多く含まれる食品：**Ca**：牛乳、しらす、小松菜など **Fe**：レバー、ほうれん草など

特に
効率よく
摂りたい

「たんぱく質」の巻

虎

五大栄養素の中でも、筋肉をつくるために意識したいたんぱく質。どのくらい摂ればいい？ 摂った分だけ筋肉に変わる？ など、たんぱく質と筋肉の関係性を知っておこう！

1 アスリートの1日のたんぱく質の摂取量は「体重kg×1.2～2.0g」※を目安に

たんぱく質の推奨量は、競技種目や運動強度によって異なります。**ハードなトレーニングを行うプロ野球選手や、増量を目指す人の1日のたんぱく質摂取量は、「体重1kgあたり2.0g」を目安に。ジュニアアスリートや低強度トレーニングの方は、もっと低めでもよい**でしょう。たんぱく質は一度にたくさん摂るのではなく、朝・昼・夕の食事や間食に取り入れるなど、「分けて摂る」ことがポイントです。食事で摂るのが難しい場合は、プロテインでたんぱく質を補うことも検討しましょう。

ちょい足し！ たんぱく質食品

納豆　牛乳　チーズ
冷奴　バナナ　卵

たんぱく質を「ちょい足し」できる食品を知っておくと、忙しい朝・疲れた夜でも楽に補給できます！ ぜひ覚えておきましょう。

2 摂取タイミングは「朝食」と「運動後」

筋肉量を低下させないためには、三食でまんべんなくたんぱく質を摂ることが重要。特に不足しがちな朝食でしっかり摂るようにしましょう。また、**運動後は、筋肉合成のゴールデンタイム**。なるべく早くたんぱく質を補給することで、効率よく筋肉量がアップします。

3 たんぱく質の吸収を考えて「1回20g」を目安に

たんぱく質は摂った分だけ筋肉に変わるのではなく、ある一定量以上は頭打ちで合成が緩やかに。そのポイントが「1回20g」といわれています。もちろん、体格や運動量、他の栄養素の摂り方によっても吸収は変わりますが、**一度にたくさんの量を摂るのではなく、摂る回数を増やしてみる**のがよいですね。

たんぱく質はちょこちょこ食べて、摂る回数を増やそう。

注意事項

過剰なたんぱく質は体脂肪に変わります!

たくさん摂っても使われなかったたんぱく質は、エネルギーとして、つまり「体脂肪」として蓄えられてしまいます。特に「就寝前のプロテイン」は、睡眠にも悪影響を与える可能性もあるので避けましょう。

※参考:Thomas DT, Erdman KA, Burke LM. Position of the Academy of Nutrition and Dietetics, Dietitians of Canada, and the American College of Sports Medicine: Nutrition and Athletic Performance. J Acad Nutr Diet. 2016

体をつくる! 基本の献立

朝ごはん

朝はパンより白米!が強さへの近道

「うま辛里芋麻婆」(P38)などの芋類おかずなら、知らず知らずに炭水化物をプラス!
1
2
3
4
5
6
朝のごはんの量は200〜250gが目安
卵・ニラのビタミンACEが摂れる「簡単スタミナ しらすニラ玉」(P32)は強い体をつくる味方のレシピ!

1 主食

筋肉づくりに炭水化物は必須! 活動を支える大切なエネルギー源になる。

2 汁物

具沢山の味噌汁やスープ類は、ビタミンやミネラル、水分が補給できる。

3 主菜

魚・肉・卵のたんぱく質おかずは筋肉や骨の材料になる。代謝アップにも。

4 副菜

ごはんと一緒に芋類のおかずを食べれば、炭水化物をプラスできる。

5 乳製品

牛乳やヨーグルトのカルシウムが強い骨をつくる。熱中症予防にも!

6 果物

柑橘類や旬の果物はビタミン類や食物繊維が豊富。積極的に摂ろう。

プロ野球選手の朝ごはんは800〜1000kcalが目安。朝ごはんは、体や脳にエネルギーを送り込み、体温をしっかり上昇させて、集中力アップ&怪我をしにくい体をつくります。上図の「基本の6点セット」を摂れば栄養バランスも整います。

体をつくる！ 基本の献立

夜ごはん

朝・昼摂れていない食品をバランスよく

「ツナ入り無限キャベツ」（P36）はすぐに作れて、野菜をたっぷり食べられる！

夜のごはんの量は300〜350gが目安

筋肉や血液をつくる成分を含むマグロ。「マグロガーリックステーキ」（P30）にすれば食欲もUP！

「ネバネバ食材の食べるスープ」（P84）など、汁物はきのこや海藻など日中食べられなかった食材で作ろう

1 主食

白米はもちろん、食物繊維やビタミンB群が豊富な玄米もおすすめ。

2 汁物

朝・昼に摂りにくい海藻類や野菜は食べやすいスープで夜に補給しよう。

3 主菜

筋肉が落ちにくい体づくりのために、夜も高たんぱくの魚や肉の主菜を。

4 副菜

キャベツやニラ、玉ねぎなど、胃腸の消化を助ける野菜をたっぷりと。

5 乳製品

集中力や判断力を左右するカルシウムは、夜もしっかり摂りたい栄養素。

6 果物

いちごなどに含まれるビタミンCは、筋肉をつくる働きを助けてくれる。

プロ野球選手の夜ごはんは1000〜1500kcalが目安。夜ごはんは全体的に茶色になりがちですが、赤・黄・緑と様々な色の食材を使ってビタミンやミネラルを補給しましょう。消化のためにも、寝る2時間前を目安に食べ終えているのが理想です。

2023年新人王＆シーズンMVPの大活躍！

村上頌樹選手の㊶「完封めし」

主菜

マグロガーリックステーキ

「マグロの脂は体にいい」と栄養指導で教わって意識して食べるようにしたら、マグロが好きになりました。

村上頌樹選手

41

にんにくガツン！　でもヘルシー。高たんぱく低脂質メニュー

{材料／2人分}

- マグロ（刺身用のさく）……150g
- にんにく……1片
- 塩、こしょう……各少々
- 有塩バター……10g
- 酢、しょうゆ……各大さじ1
- 付け合わせの野菜……適宜

{下準備}

❶ マグロは全体に軽く塩、こしょうをふる。

❷ にんにくは薄切りにする。

{作り方}

❶ フライパンにバター、にんにくを入れて熱し、酢、しょうゆを加えて軽く混ぜる。

❷ マグロを入れて、全体に焼き色がつくまで焼いたら取り出す。残ったたれはとっておく。

❸ 食べやすい大きさに切って皿に盛り、たれをかける。

栄養豆知識

マグロは筋肉や血液などをつくるビタミンB_6が豊富。にんにくの香り成分アリシンの滋養強壮効果でさらに元気に！

10分
調理時間

132 kcal
エネルギー（1人分）

たんぱく質	18.9g
脂質	4.8g
炭水化物	1.5g
塩分	1.8g
ビタミンB_6	0.53mg

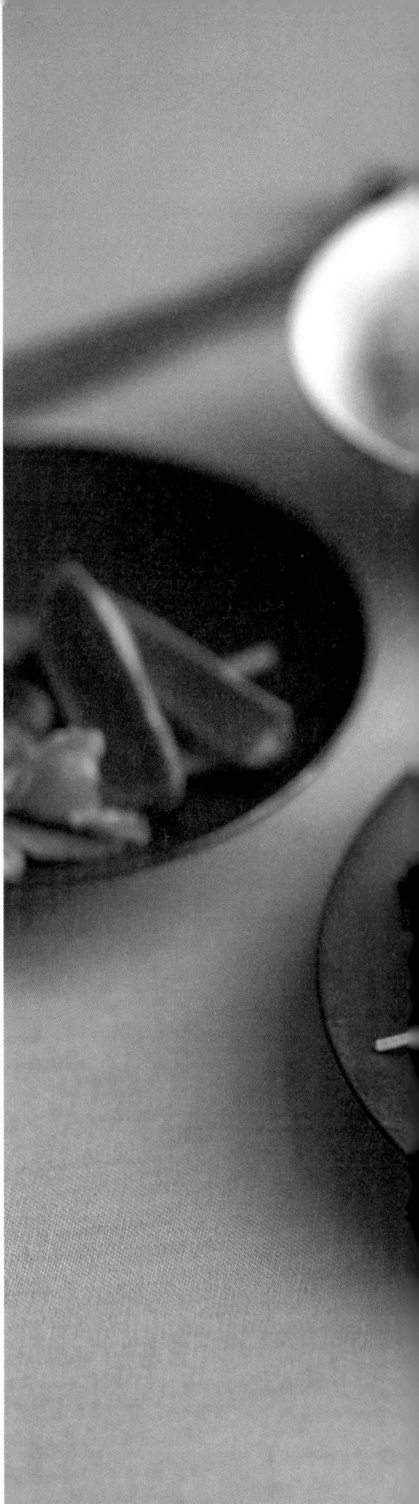

トラめし memo ｛質のいい脂を意識して、魚の脂・EPA を積極的に摂っています。（**青柳晃洋**選手）

暑い時期は夏バテしないようニラ玉をよく食べます。好きな炒め物を食べるとパワーが出ます！
中野拓夢選手

全試合フルイニング出場の虎の侍！ 中野拓夢選手 51 の「強い気持ちめし」

主菜 簡単スタミナ しらすニラ玉

「強い骨」をつくるカルシウムたっぷりのスピードおかず

｛材料／2人分｝

	ニラ	1束
	ごま油	適量
A	しらす	大さじ2
A	卵	2個
B	しょうが	1片
B	しょうゆ	小さじ½

｛下準備｝

❶ ニラは5cm長さに切る。しょうがはすりおろしておく。
❷ Aは混ぜ合わせておく。

｛作り方｝

❶ フライパンにごま油を熱し、ニラを炒める。
❷ Aを入れて大きく混ぜ、卵が好みのかたさになるまで炒める。
❸ Bを加え、さっと炒めたら完成。

たんぱく質	11.7g
脂質	8.1g
炭水化物	2.4g
塩分	1.3g
カルシウム	92mg

調理時間 7分

エネルギー（1人分） 133 kcal

栄養豆知識
カルシウムが豊富なしらすは強い骨をつくるアスリート食材。卵・ニラには疲れにくい体をつくるビタミンA、C、Eがたっぷり。

トラめしmemo ｛栄養指導に基づいた食事で、筋肉量の増え方が変わりました。（**島田海吏**選手）

主菜

フライパン de 簡単 牛肉のたたき

脂質の少ない赤身肉でも満足度100%！　体づくりの定番めし

{ 材料 / 2人分 }

牛もも肉（かたまり）…… 200g
黒こしょう…… 少々
サラダ油…… 適量
にんにく…… 1片
A しょうゆ…… 大さじ2
A 酒、みりん…… 各小さじ2
付け合わせの野菜…… 適量

下準備

❶ 牛もも肉は調理の30分前に冷蔵庫から出しておく。30分経ったら黒こしょうをしっかりめにすり込む。
❷ Aを鍋に入れて火にかけ、一煮立ちさせる。
❸ にんにくは薄切りにして油をひいたフライパンで炒め、にんにくチップを作る。

作り方

❶ フライパンに油を熱し、牛もも肉を返しながら各面を2分ずつ焼く。多少焦げる程度が目安。
❷ フライパンから取り出してアルミホイルで包み、10分置いたらホイルを外す。Aのたれと一緒に保存袋に入れ、冷蔵庫に入れて1時間ほど漬ける。

Point! アルミホイルで包み置きすることでお肉がしっとり柔らかに。

❸ 薄くスライスして野菜とともに皿に盛り、漬けだれをかけ、にんにくチップを散らす。

たんぱく質	20.6g
脂質	13.4g
炭水化物	5.0g
塩分	3.0g

調理時間 **80**分

エネルギー（1人分） **244** kcal

栄養豆知識
ビタミンB群や鉄など幅広い栄養素が含まれる牛肉は脂身少なめのものを選びましょう。たっぷりの野菜と食べて消化の助けに。

トラめしmemo 吉谷さんはプロアスリートにとって大切なことを教えてくれる存在です。（**石井大智**選手）

僕は結構食べるので丼メニューが好物。ご飯は金芽ロウカット玄米にして体重管理にも気をつけてます。

桐敷拓馬選手

47

虎の〝最強カード〟左腕！　桐敷拓馬選手 47 の「スペードのエースめし」

主食　絶品！　焼き牛丼

「お米を食べる」ための焼き牛丼は虎戦士たちの定番！

｛材料／2人分｝

ご飯	1.5合
牛薄切り肉	250g
玉ねぎ	½個
有塩バター	小さじ1
黒こしょう	少々
白ねぎ、紅しょうが	各適量
焼き肉のたれ	大さじ2
めんつゆ（3倍濃縮）	大さじ2

｛下準備｝

玉ねぎは1cm幅のくし形切り、白ねぎの青い部分は小口切りにする。

｛作り方｝

❶フライパンにバターを熱し、中火で玉ねぎがしんなりするまで炒める。

❷牛肉を加え強火でさっと炒める。火が通ったら、焼き肉のたれ、めんつゆを入れて味をつける。

Point! 牛肉に火を入れすぎると硬くなるので、強火で手早く炒める。

❸どんぶりにご飯を盛り、❷をのせる。黒こしょうをかけ、ねぎと紅しょうがをのせる。

たんぱく質	31.8g
脂質	30.1g
炭水化物	102.4g
塩分	3.4g
鉄	6.3mg

調理時間 **10分**

エネルギー（1人分）**828 kcal**

栄養豆知識 お米がしっかり食べられる人気メニュー。バター＋焼き肉のたれの濃厚さが食欲増進のポイント。玄米に替えればビタミンB群UP。

トラめしmemo　入寮日の「すき焼き」がいいお肉でおいしかった。忘れられない味です。（**及川雅貴**選手）

主食

スタミナミートスパゲッティ

みんな大好き♡　ミートスパは〝隠しレバー〟で栄養アップ！

｛材料／2人分｝

- パスタ……240g
- 鶏レバー……50g
- 合い挽き肉……100g
- 玉ねぎ……½個
- にんにく……1片
- 赤ワイン……100ml
- オリーブオイル……大さじ1
- 卵……2個
- A
  - トマト水煮缶……100g
  - コンソメ（顆粒）……小さじ½
  - お湯……100ml
  - ケチャップ……大さじ2

下準備

❶鶏レバーは牛乳（分量外）に30分漬けた後、熱湯でさっと茹でてざるにあげる。冷めたら粗みじん切りにする。

Point! レバーは牛乳に30分以上漬けてもOK。しっかり臭みをとる。

❷鍋に水（分量外）を沸騰させて火からおろし、冷蔵庫から取り出した卵を殻ごとそっと入れて蓋をする。そのまま10〜12分おき、温泉卵を作る。

❸玉ねぎ、にんにくはみじん切りにする。

作り方

❶フライパンにオリーブオイルを熱し、にんにく、玉ねぎを炒める。玉ねぎがしんなりしたら、合い挽き肉を加えて炒め、赤ワインを加える。

❷Aを加えて10分煮込み、さらにレバーを加えて5分煮る。

❸調理の合間にパスタを茹で、湯を切って皿に盛りつけて❷をかけ、最後に温泉卵をのせる。

たんぱく質	37.1g
脂質	23.9g
炭水化物	98.8g
塩分	0.9g
ビタミンB_6	1.05mg

調理時間 **25分**

エネルギー（1人分） **821kcal**

栄養豆知識 鶏レバーは酸素を隅々まで運ぶ赤血球の材料になるヘム鉄をはじめ、スポーツ選手の体づくりに必要なビタミンB_6など栄養素が豊富。

トラめしmemo　試合前は糖質多めの食事法「グリコーゲンローディング」を実践。（**青柳晃洋**選手）

副菜 ツナ入り無限キャベツ

万能食材・ツナで野菜もたっぷりパクパク食べられる！

｛材料／2人分｝

- キャベツ……150g
- ツナ缶（オイル漬け）……1缶
- コーン（缶詰）……大さじ3
- A
  - 塩昆布……8g
  - レモン汁……小さじ2
  - 砂糖……小さじ2
  - おろしにんにく……小さじ1
  - 黒こしょう……少々

｛下準備｝

キャベツは千切りにする。

｛作り方｝

❶ ボウルにキャベツ、軽く油をきったツナ、コーンを入れる。
❷ Aを入れてよく混ぜ合わせる。5分ほど置くと味がなじむ。

Point! 甘く柔らかい春キャベツを使う場合、食べる直前にたれを入れて混ぜたほうが歯応えが残っておいしい。

たんぱく質	8.4g
脂質	7.9g
炭水化物	10.8g
塩分	1.1g

調理時間 8分

エネルギー（1人分） 138 kcal

栄養豆知識 旨みが詰まったツナは高たんぱくでどんな食材にも合います。野菜が苦手でも無限に食べられちゃうおすすめレシピ。

トラめし memo ｛僕はカレーに特別なトッピングはしません。「福神漬け」一択です！（**桐敷拓馬**選手）

副菜　カツオのたたきユッケ風

古くから「勝魚」と呼ばれるカツオは縁起担ぎにも◎

｛材料／2人分｝

カツオのたたき（市販のもの）……150g
卵黄……2個分

A
- 白ねぎ……30g
- おろしにんにく……小さじ1
- おろししょうが……小さじ1
- 白いりごま……小さじ1
- 豆板醤……小さじ½
- ごま油……小さじ1

｛下準備｝

❶ カツオのたたきは1.5cm角に切る。
❷ 白ねぎはみじん切りに。
❸ Aを混ぜ合わせたれを作る。

｛作り方｝

❶ カツオのたたきにたれをかけてよく混ぜる。
❷ 皿に盛りつけ、卵黄をのせる。

たんぱく質	23.6g
脂質	10.2g
炭水化物	2.8g
塩分	1.3g
鉄	2.9mg

調理時間 5分

エネルギー（1人分）206kcal

栄養豆知識
カツオは高たんぱく低脂質、ビタミンや鉄も豊富なのでアスリートの食事に適しています。卵と混ぜて食べれば臭みもほとんどなし。

トラめしmemo　開幕戦当日の朝は妻特製の「鯛の塩釜焼き」を必ず食べます！（**加治屋蓮**選手）

副菜

うま辛里芋麻婆

体を大きくしたい＆体重を増やしたい人の炭水化物おかず

{ 材料 / 2人分 }

里芋	4個
豚ひき肉	80g
酒	大さじ1
しょうゆ	大さじ1
サラダ油	大さじ1
A 豆板醤	小さじ1
A 白ねぎ	80g
A おろししょうが	少々
B 甜麺醤	大さじ2
B 鶏ガラスープの素	小さじ1
B 水	100ml

〔下準備〕

❶ 里芋は皮を剝いてよく洗ってぬめりをとり、1cm幅の輪切りに、白ねぎは白い部分をみじん切り、青い部分を小口切りにする。

Point! 里芋は皮を剝いたあと、よく洗いぬめりをとることで、煮崩れしにくく味も染み込みやすくなる。

❷ Bは混ぜ合わせておく。

〔作り方〕

❶ フライパンに油をひき、Aを入れ、豚ひき肉を加えて強火で炒める。

❷ 肉の色が変わったら里芋とBを加えて弱火にし、里芋が柔らかくなるまで煮込む。さらに酒、しょうゆを加えて一煮立ちさせる。

❸ 皿に盛り、ねぎの青い部分を加え、さっと和える。

たんぱく質	14.3g
脂質	16.7g
炭水化物	21.3g
塩分	2.7g

調理時間 **10分**

エネルギー（1人分）**304 kcal**

栄養豆知識 里芋は炭水化物が豊富な食品です。ご飯がすすむうま辛に仕上げることで、副菜でも食べごたえのあるおかずに大変身。

トラめしmemo 白米をモリモリ食べる才木浩人選手。体重増量中？ ただの白米好き？（**近本光司**選手）

副菜　ニラと鶏ささみの梅肉和え

さっぱりなのにスタミナUP!　たんぱく質ちょい足し一品

{材料 / 2人分}

	ニラ	1束
	鶏ささみ	4本
	梅干し	2粒（約20g）
A	しょうゆ	小さじ1
A	塩	小さじ¼
A	白いりごま	大さじ1
A	ごま油	大さじ2

{下準備}

❶ ニラは5cm長さに切る。
❷ 梅干しは種をとり、細かくたたく。
❸ Aは混ぜ合わせておく。

{作り方}

❶ ニラはさっと湯通しして冷水で冷やす。同じ湯で鶏ささみも茹で、冷水で冷やして適当な大きさにほぐす。

Point! ニラは茹ですぎると水溶性ビタミンが失われるので、さっと茹でる。

❷ 梅干し、❶、Aを混ぜ合わせる。

たんぱく質	25.6g
脂質	10.1g
炭水化物	3.4g
塩分	3.4g
ビタミンB_6	0.73mg

調理時間 8分

エネルギー（1人分） 210 kcal

栄養豆知識 ビタミンB_6が豊富な鶏ささみと、炭水化物と相性のよい硫化アリルたっぷりのニラが摂れる一品。塩分が気になる人は減塩梅干しに。

39 トラめしmemo クラブハウスで「天ぷら」が出てくるとテンションが上がります。（**長坂拳弥**選手）

阪神甲子園球場　祝 100周年！　甲子園カレーも

みんな大好き

甲子園カレーアレンジ

甲子園の名物グルメ「甲子園カレー」とは？

「甲子園カレー」は大正13年、阪神甲子園球場開場とともに誕生。秘伝の15種類以上のスパイスをオリジナルブレンドで調合した深みのある味わいと、食べ応えのある具材が人気の秘密です。元々は球場職員の手作りで提供されていたというこのカレー。そのレシピは門外不出!?なのだとか。阪神甲子園球場内では、内野2F・3F、アルプス3F、外野1F・3Fの甲子園カレーショップ売店で提供しています！　辛さは「甘口」「中辛」「辛口」の3種。お土産やご家庭用に嬉しいレトルト商品もオンラインショップなどで購入できますよ♪

オンラインショップはこちら！

2024年、阪神甲子園球場は100周年を迎えました。大正13年（1924年）の球場開場当時から今に至るまで、球場グルメの顔でもある「甲子園カレー」。そのままでもおいしい！　でも栄養をプラスすればもっと嬉しい！　家庭でもマネできる虎戦士に人気の甲子園カレーアレンジをご紹介します。

とろ〜り

ビタミンB群が豊富でアミノ酸バランスもいい温玉(卵)と、カルシウムたっぷりのチーズを足せば、筋力UPカレーに早変わり！　とろ〜りまろやかな味わいで辛さもマイルドに。球場売店では「とろけるチーズ」(+200円)をトッピング可♪

温玉 & チーズ

ビタミンとカルシウムUP!

お手軽

レトルト牛丼の具

たんぱく質を足し算！

牛肉は、たんぱく質やビタミンB群、鉄や亜鉛などがバランスよく含まれます。レトルトの牛丼の具ならパパッと手軽に栄養をプラス！　球場売店に「牛丼の具」はありませんが、牛を使った「甲子園牛すじカレー」「甲子園ホルモンカレー」もおすすめ♪

王道！

カツ

必勝祈願の「勝負めし」に！

ゲン担ぎの王道「カツ」。豚肉はビタミンB_1が多く、ご飯と一緒に食べるとエネルギーもUP。試合前日の必勝祈願めしにピッタリです！　球場売店では「ロースカツ」(+400円)、「ミンチカツ」(+300円)、「ヒレカツ」(+350円)がトッピングできる！

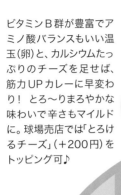

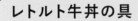

COLUMN 01

大事な「試合前」に選手たちは何を食べる?

「ハイブリッド補給」でパワー充填

プロ野球の試合は平均約3時間。試合中に体力と集中力を切らさないためのエネルギーが必須です。そこで、虎戦士たちにすすめているのが、ご飯と麺を一緒に食べる「ハイブリッド補給」。長時間パフォーマンスを発揮し続けるには、炭水化物などの糖質を多めに補給して体内のグリコーゲンの量を増加させることが重要。ご飯と麺を「合わせ食べ」することがパワー充填の秘訣!

野手は麺で軽めに。試合中にプラス

試合中に体をよく動かす野手の場合は、胃の中に固形物が残っていると動きづらさを感じることも。試合前はさらっと麺類で済ませ、イニングの間にドリンクやゼリーなどでエネルギー補給するのも定番の食べ方です。

先発投手は「数日前」から食事を調整

先発投手陣は登板スケジュールが決まっているため、大体試合3日前から試合当日までの食事メニューを組んでコンディションを調整。試合数日前から糖質を多めに摂取し、体内の筋グリコーゲンを増やしておく「グリコーゲンローディング」という食事法も取り入れながら、長いイニングを投げ抜くパワーを蓄えていきます。

テンションが上がる食べ物もOK!

試合前は何より「気持ち」が大事! 食べるとテンションが上がる、調子がよくなると感じるメニューがあるなら、それを優先して食べてOK!と伝えています。

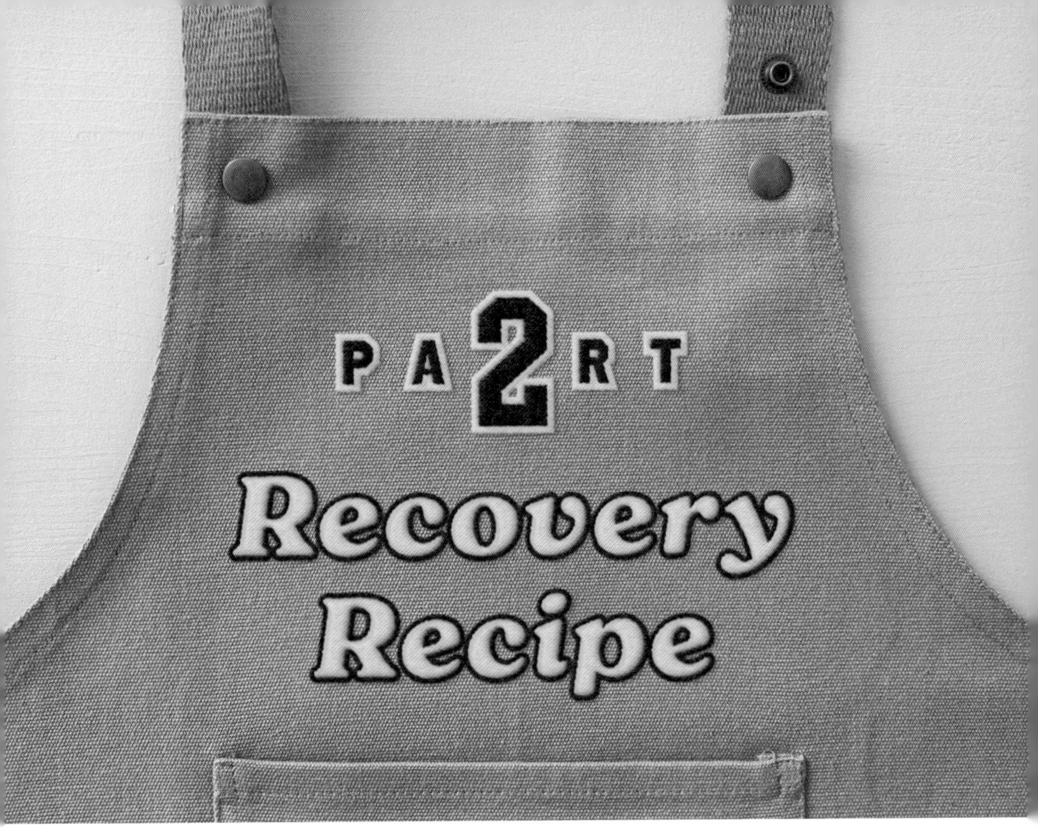

リカバリーする!
トラめし

こんな人におすすめ

- 体を動かした後の食事が知りたい!
- 翌日に疲れを残したくない!
- バテ気味なので元気になりたい!
- 風邪を引きたくない、免疫を落としたくない

リカバリーする

トラめしのトリセツ

夏の炎天下や、夜遅い時間にまで及ぶナイターなど、過酷な環境で戦う選手たちのコンディショニングの秘訣は疲労回復の食事にあり!

リカバリーのための食事「3つ」のポイント

疲労の原因は諸説ありますが、一つには「活性酸素による炎症反応」が影響しているといわれます。酸素を多く吸う、紫外線を長時間浴びるなどで、普通の人より活性酸素が多く発生するアスリートは、疲労の度合いも高くなりがち。虎戦士たちも日々、疲労を抑える働きをする「**抗酸化作用を持つ食品**」を意識して摂っています。また、筋肉がエネルギーを生み出す際に必要な筋グリコーゲンを回復するために、「**運動後すぐにたんぱく質と炭水化物を補給する**」のが定番。ただし、疲労が溜まった状態だと消化能力も低下するので、「**胃腸に負担をかけない食品や調理法**」で工夫を。

疲労回復のエースピッチャー「ビタミンACE」

疲労回復に効果的な栄養素の代表が、「**ビタミンACE(エース)」と総称されるビタミンA、C、Eです。抗酸化ビタミンとも呼ばれ、疲労回復やストレスの緩和を助けて免疫を高める効果が。**緑黄色野菜、柑橘類などのビタミンACEを含む食品は、なるべく毎食取り入れましょう。また、体のエネルギー代謝を促す「**炭水化物(糖質)**」(米、麺類など)、「**ビタミン**B_1」(豚肉、納豆など)の働きを強める香り成分「**アリシン(硫化アリル)**」(ニラ、にんにくなど)も一緒に摂ると効果的。質の高い睡眠のために、睡眠をサポートする「**トリプトファン**」(牛乳、ナッツなど)も意識すると◎。

疲れが吹き飛ぶ食事術！

おすすめの食品・食べ方のポイント

今日の食事が明日の勝負の明暗を分ける。
疲労回復のために押さえておきたい食事のコツ、教えます！

1

「糖質×ビタミンB1×アリシン」が究極の食べ合わせ！

運動による疲労は「エネルギー代謝を促進する」ことで回復しやすくなります。炭水化物（糖質）と、セットで働くビタミンB1、アリシン（硫化アリル）の組み合わせを意識した献立なら疲労回復効果アップ！ **一般家庭でよく常備されている食品だけでも組み立てられる**ので、今すぐ活用できます。

炭水化物（糖質）	米・麺類・パン など

＋

ビタミンB1	豚肉・玄米・納豆・枝豆・うなぎ など

＋

アリシン	ねぎ・にんにく・ニラ・玉ねぎ など

2

「抗酸化ビタミンACE」で活性酸素の働きを抑える！

ビタミンACEのいずれかが摂れる食品

◎パプリカ ◎アボカド ◎かぼちゃ
◎にんじん ◎アーモンド ◎ツナ
◎オレンジ ◎キウイ など

疲労の原因の一つと考えられている「活性酸素」。野球選手は一般のスポーツをしない人に比べ酸素を多く吸うなどして、活性酸素も多くなります。**活性酸素は炎症を引き起こし、疲労の原因になる可能性がある**ため、それを抑える「抗酸化ビタミンACE」を毎食意識して摂りましょう。

3

短鎖脂肪酸で腸をケアしよう！

肉類の過剰摂取や、偏った食生活、ストレスなどによって大腸が劣化すると、**体臭・便臭や疲労感などの不調が表れ始めます**。だから、腸内環境を整える短鎖脂肪酸を増やすことも疲労回復のコツ。善玉菌を多く含む「発酵食品」や、善玉菌のエサになる「食物繊維」を毎日食べるのも効果的です。

短鎖脂肪酸を増やすためにも、食物繊維や乳製品は毎日食べたい食品です。

消化によく、野菜もたっぷり摂れる鍋物は疲労回復のお助けメニュー。

注意事項

「マイナスごはん」は極力避けよう！

疲れをしっかり取りたい時は、コンディショニングの妨げとなる「マイナスごはん」は極力避けて。脂の多い肉料理、カフェイン、香辛料は胃腸に負担がかかり、良質な睡眠を妨げる原因になります。

リカバリーする! 基本の献立

朝ごはん

疲れて食欲がない朝は「食べられそうなもの」を

カルシウム、ビタミンCがたっぷりの「疲労回復スムージー」(P102)で元気をチャージ!
これ一つで栄養バランスが整う「フルーツヨーグルトボウル」(P57)は食欲がない朝のお役立ちレシピ
② ④
① ③ ⑤ ⑥
朝食前に白湯を飲むと胃腸が温まって血液循環がよくなり、内臓の疲労回復効果も見込める

① 主食

食欲がなくてもシリアル、あんこトーストなど食べられそうな糖質を摂る。

② 汁物

野菜のポタージュ、野菜入りスムージーなどで栄養を補おう。

③ 主菜

肉や魚が食べられない朝は、ヨーグルトやプロテインでたんぱく質を補給。

④ 副菜

疲れが残る朝は野菜を噛むのが億劫。汁物やドリンクにアレンジを。

⑤ 乳製品

牛乳でもいいが、「食べごたえ」のあるヨーグルトを活用しよう。

⑥ 果物

疲労回復効果の高いビタミンACEは朝ごはんでもしっかり摂ろう。

「基本の6点セット」(P28)が疲労回復にもベストですが、試合や練習疲れで食欲がない朝は無理せず「食べられそうなもの」を摂るのがポイント。疲れや筋肉の炎症をとってくれるナッツや緑黄色野菜は、ヨーグルトボウルやスムージーで上手に補給を。

リカバリーする！ 基本の献立

夜ごはん

「エネルギー代謝を促す」組み合わせで疲労回復

ビタミンCが豊富な「ブロッコリーのガーリック炒め」（P56）で疲れ知らずの体に！
5
4
6
1
2
3
揚げ物など高脂質メニューは避けて、脂質少なめの夜ごはんが疲労回復の鍵！

① 主食

糖質は筋肉の疲労をとってくれるため、炭水化物は夜こそ積極的に摂る。

② 汁物

疲れて食欲がない日は、あっさりした鍋物で消化を助けよう。

③ 主菜

鍋は主菜としても優秀。豆腐や肉類を入れてたんぱく質をしっかり補給。

④ 副菜

食物繊維や抗酸化ビタミンが摂れる野菜を、食べやすい調理で補給して。

⑤ 乳製品

ヨーグルトなど乳製品に含まれるビタミンB_1は、疲労回復を促す。

⑥ 果物

毎食摂りたい果物。噛むのが辛い日は果汁ジュースでももちろんOK。

疲労物質を体からなくすには、エネルギーの代謝を助ける食事が大切。効率のよいエネルギー代謝のために、炭水化物のほか、ビタミンB_1やそれを助けるアリシン（硫化アリル）、柑橘類に含まれる有機酸を一緒に摂るとGOOD。

25分 調理時間

694 kcal エネルギー（1人分）

試合後の疲れも吹き飛ぶ、見た目も豪華な「ご褒美ごはん」

たんぱく質	33.8g
脂質	12.0g
炭水化物	108.3g
塩分	4.1g
カルシウム	173mg

栄養豆知識

筋肉の修復を助ける良質なたんぱく質と、糖質を摂れる華やかな疲労回復メニュー。試合後のご褒美めしにもおすすめ！

元々さっぱりした酢飯が好きなのとバランスよく色々な食材が摂れるので、「ちらし寿司」はよく食べます。

近本光司選手

5

{材料／2人分}

	ご飯	1.5合
	カツオ	100g
	しらす	大さじ2
	小松菜	3株
	溶き卵	2個分
	塩	少々
	サラダ油	適量
	白いりごま	適宜
酢飯のもと	酢	大さじ2
酢飯のもと	砂糖	大さじ1
酢飯のもと	塩	少々
しいたけとにんじんの甘辛煮	にんじん	20g
しいたけとにんじんの甘辛煮	干ししいたけ	3枚
しいたけとにんじんの甘辛煮	しょうゆ、砂糖	各小さじ2
しいたけとにんじんの甘辛煮	酒	小さじ1
鶏そぼろ	鶏ひき肉	50g
鶏そぼろ	しょうゆ、砂糖、酒	各小さじ1

{下準備}

❶ 炊いたご飯に、混ぜ合わせた[酢飯のもと]をまわしかけ、切るように混ぜて冷まし、酢飯を作る。

❷ 干ししいたけは水で戻しておく。

❸ カツオは食べやすい大きさに切る。

{作り方}

❶ しいたけは薄切り、にんじんは千切りにし、しょうゆ、砂糖、酒で甘辛く煮て[しいたけとにんじんの甘辛煮]を作る。

❷ 油をひいたフライパンで鶏ひき肉を軽く炒め、しょうゆ、砂糖、酒で甘辛く煮て[鶏そぼろ]を作る。

❸ 溶き卵に塩を加え、油をひいたフライパンで薄く焼き、千切りにして錦糸卵に。小松菜は茹でて食べやすい大きさに切る。

❹ 酢飯に[しいたけとにんじんの甘辛煮]と、[鶏そぼろ]を加え混ぜる。皿に盛りカツオ、小松菜、しらす、錦糸卵をのせ、お好みでいりごまを散らす。

トラめし memo ｛近本光司選手は野菜と魚を積極的に食べていて栄養のバランスがいい！（**伊藤将司**選手）

主食

疲労回復のちらし寿司

三拍子揃った虎のリードオフマン！ 近本光司選手⑤の「走攻守めし」

主菜 さっぱり柑橘鍋

汗で失われたカリウムが補える、さっぱり爽やか鍋

｛材料／2人分｝

鶏もも肉	1枚（300g）
白菜	¼株
ニラ	1束
絹ごし豆腐	1丁（300g）
しいたけ	4枚
すだち	4個
A 昆布だし	600ml
A めんつゆ（3倍濃縮）	90ml

｛下準備｝

❶ 鶏肉は一口大に切る。白菜、ニラ、豆腐、しいたけも食べやすい大きさに切っておく。
❷ すだちは皮ごと薄い輪切りにする。

｛作り方｝

❶ 鍋にニラとすだち以外の具材を並べ、Aを入れてふたをして煮込む。途中であくを取る。
❷ 具材に火が通ったら、ニラとすだちを加える。再びふたをして1～2分煮たら完成。

Point! すだちは煮込みすぎると苦みが出るため、食べる直前に加える。

たんぱく質	37.4g
脂質	27.1g
炭水化物	19.3g
塩分	2.0g
カリウム	1736mg

調理時間 10分

エネルギー（1人分） 471 kcal

栄養豆知識 汗で失われたナトリウムやカリウムがたっぷり補える鍋。柑橘類に含まれる有機酸は、疲労回復をサポートします。

トラめし memo 「野菜（サラダ）はカラフルに！」という教えをずっと守っています。（**木浪聖也**選手）

主菜　牛肉とパプリカの中華炒め

〝食べるサプリメント〞パプリカを使ったカラフル中華！

{材料／2人分}

牛もも薄切り肉……160g
パプリカ（赤、黄）……各½個
ピーマン……1個
ごま油……大さじ1
A ┌ オイスターソース……大さじ2
　│ 酒……大さじ2
　└ 砂糖……大さじ1

{下準備}

❶ パプリカとピーマンは5mm幅の細切りにする。
❷ Aは混ぜ合わせておく。

{作り方}

❶ フライパンにごま油を熱し、牛肉を炒め、半分ぐらい火が通ったらパプリカとピーマンを加えて炒める。
❷ 全体に火が通ったらAをまわし入れて砂糖をしっかり溶かし、味を絡ませながら炒めて水分をとばす。

たんぱく質	20.4g
脂質	26.0g
炭水化物	14.1g
塩分	1.9g
ビタミンC	128mg

調理時間 **10**分

エネルギー（1人分）**394** kcal

栄養豆知識　疲労回復をサポートするビタミンA、Cが野菜の中でも多いパプリカはまさに食べるサプリメント！　色々な料理にぜひ活用を。

トラめしmemo　枕とマットレスは愛用品をキャンプにも持参。睡眠の質がよくなりました。（**森下翔太**選手）

主菜 豚肉レンジ蒸し★ニラだれ

豚肉×ニラの黄金コンビは、レンチン時短調理が正解！

｛材料／2人分｝

豚こま切れ肉……200g
にんじん……½本
もやし……1袋（約200g）
酒……大さじ1
塩、こしょう……各少々
白髪ねぎ……適宜
A ニラ……½束
A ポン酢……大さじ2
A ごま油……小さじ1

｛下準備｝

❶ にんじんは皮を剥き、ピーラーで薄くスライスする。
❷ Aのニラはみじん切りにして、ポン酢、ごま油と混ぜ合わせたれを作る。

Point! ニラは香気成分（アリシン）をしっかり出すためになるべく細かく刻む。

｛作り方｝

❶ にんじんを耐熱皿に広げ、もやし、豚肉をのせ、酒をまわしかけて、塩、こしょうをふる。
❷ ラップをして電子レンジで5分ほど加熱する。
❸ 火が通ったらAのたれをかけ、お好みで白髪ねぎをのせる。

たんぱく質	21.7g
脂質	17.3g
炭水化物	9.8g
塩分	1.5g
ビタミン B_1	0.75mg

調理時間 **10分**

エネルギー（1人分） **292 kcal**

栄養豆知識 代謝を上げる際に必要なビタミンB_1を含む豚肉に、ニラのアリシンが相乗効果を。ニラは生食か短時間の加熱が栄養を逃さないコツ！

トラめしmemo 小さい頃から「ひき肉のニラ和え」が勝負飯。今は妻が作ってくれます。（**原口文仁**選手）

主菜

鮭と小松菜のグラタン

鮭のEPA＝抗炎症パワーをグラタンでおいしく取り込む

｛材料／2人分｝

鮭	2切れ
小松菜	½束
玉ねぎ	½個
塩 、黒こしょう	各少々
サラダ油	適量
ピザ用チーズ	50g
A 無調整豆乳	大さじ7
A マヨネーズ	大さじ3

｛下準備｝

❶ 小松菜は3cm長さに切る。玉ねぎは薄切りに。鮭は2〜3等分に切る。
❷ Aは混ぜ合わせておく。
❸ オーブンを250℃に予熱しておく。

｛作り方｝

❶ フライパンに油をひき、小松菜と玉ねぎを入れて炒め、塩、こしょうをふる。
❷ Aを加え混ぜ、耐熱容器に盛る。鮭とピザ用チーズをのせて、250℃のオーブンで15分焼く。

たんぱく質	26.0g
脂質	37.3g
炭水化物	9.4g
塩分	1.2g
カルシウム	331mg

調理時間 **20分**

エネルギー（1人分） **486 kcal**

栄養豆知識 鮭のたんぱく質とビタミンD、小松菜とチーズのカルシウムが骨や腱の働きを保ちます。豆乳ソースで脂質をカット。

トラめしmemo ご褒美飯は、自分で考えた石井スペシャルの「汁なし担々麺」！（**石井大智**選手）

主菜 うなニラ炒め

夏バテ防止食材を詰め込んだ、元気回復の〝うなぎ〟おかず

{材料 / 2人分}

- うなぎの蒲焼き(市販) …… ½尾(約100g)
- ニラ …… ½束
- オクラ …… 10本
- 卵 …… 1個
- ごま油 …… 適量

{下準備}

❶ ニラは5cm長さのざく切りに。オクラは塩(分量外)をふって軽くもみ、食べやすい長さに切る。
❷ うなぎの蒲焼きは1cm幅に切る。

{作り方}

❶ フライパンにごま油を熱し、ニラ、オクラを入れて強火で炒める。
❷ うなぎの蒲焼きを加えてさっと炒め、卵でとじる。

たんぱく質	16.1g
脂質	15.8g
炭水化物	5.9g
塩分	0.8g
ビタミンA	888μg

調理時間 **5分**

エネルギー(1人分) **228 kcal**

栄養豆知識 疲労回復に欠かせないビタミンや胃腸を元気にするアリシンなど、夏バテ防止栄養素や成分が詰まった、ご飯も進むスピードメニュー。

トラめしmemo 吉谷さんにはサプリメントも色々教えてもらい、勉強になりました。(**長坂拳弥**選手)

副菜

焼きアボカドエッグ

見た目もオシャレ！　朝これ一品だけでもエネルギー回復に

｛材料／2人分｝

- アボカド……1個
- ピザ用チーズ……大さじ3
- 卵……2個
- 塩、しょうゆ……各少々
- オリーブオイル……適量
- 黒こしょう……適宜

｛下準備｝

アボカドは縦半分に種まで包丁を入れ、1周切り込みを入れる。切り込みをひねるようにして２つに分け、種は取り除く。

Point! アボカドのくぼみが小さいときは、スプーンで少しくぼみを広げると卵が入りやすい。置いたときに安定するよう、底の皮を薄くカットしておくと安心。

｛作り方｝

❶ アボカドの種のくぼみに卵を割り落とす。
❷ ピザ用チーズをのせて、トースターで7〜8分焼く。
❸ 塩、しょうゆをかけ、オリーブオイルをまわしかける。お好みで黒こしょうをかけても◎。

たんぱく質	10.3g
脂質	18.8g
炭水化物	3.5g
塩分	0.7g
ビタミンE	2.4mg

調理時間 **10分**

エネルギー（1人分） **221kcal**

栄養豆知識　アボカドにはビタミンE、チーズには睡眠をサポートするメラトニンを生成するアミノ酸のトリプトファンも含まれる。

トラめしmemo　選手が目指す体になれるよう、吉谷さんは一人ひとりにアドバイスをくれる。（**原口文仁**選手）

副菜 ブロッコリーのガーリック炒め

ビタミン豊富なブロッコリーは、ベーコンとにんにくで食欲UP

{材料／2人分}

- ブロッコリー……⅓株
- ベーコン……1枚
- にんにく……½片
- 鷹の爪……1本
- オリーブオイル……大さじ2
- 塩、黒こしょう……各少々

{下準備}

❶ ブロッコリーは小房に切り分ける。ベーコンは5mm幅に、にんにくはみじん切りにする。

❷ 鍋に湯を沸かし、塩をひとつまみ（分量外）入れてブロッコリーを固めに茹で、ざるに上げる。

{作り方}

❶ フライパンに、オリーブオイル、鷹の爪、にんにくを入れて火にかける。にんにくの香りがしてきたら、ベーコンとブロッコリーを加えて炒める。

❷ 3分ほど炒めたら、塩、こしょうで味を調える。

たんぱく質	3.5g
脂質	18.2g
炭水化物	3.1g
塩分	0.3g
ビタミンC	64mg

調理時間 7分

エネルギー（1人分） 188 kcal

栄養豆知識 ブロッコリーはビタミンCが豊富な疲労回復食材。葉酸も多く含まれるので、アスリートの貧血対策にも強力な助っ人です。

トラめしmemo 海老が好物なので、寮の「海老とブロッコリー炒め」がめっちゃ好きです。（**森下翔太**選手）

乳製品

フルーツヨーグルトボウル

不足しがちな栄養素が摂れ、バランスが整うレシピ

{材料／２人分}

ヨーグルト……150g
りんご……½個
キウイ……½個
オレンジ……⅙個
シリアル……大さじ３
素焼きナッツ……適宜

{下準備}

フルーツは食べやすい大きさに切る。

{作り方}

❶ ボウルにヨーグルトを盛り、フルーツとシリアルをトッピングする。
❷ お好みで素焼きナッツをのせる。

Point! 甘みが足りないときは、お好みでハチミツを加えてもOK。エネルギーが必要なときは、料理の味を変えないMCTオイルをひとかけしてみよう。

MCT CHARGE オイル
内容量：6g×14本 希望小売価格：1164円（税込み） 日清オイリオグループ株式会社

たんぱく質	5.5g
脂質	5.3g
炭水化物	25.5g
塩分	0.4g
カリウム	318mg

調理時間 **5分**

エネルギー（1人分） **164 kcal**

栄養豆知識 柑橘などのフルーツを中心にナッツやシリアルを加えると、それだけで栄養バランスが整います。食欲がない朝にも◎。

トラめしmemo 栄養面や睡眠の悩みも、吉谷さんのアドバイスで改善されました。（**梅野隆太郎**選手）

COLUMN 02

こんなに違う！ ポジション別「食べ方のコツ」

投手｜先発は計画性、リリーフは疲労回復が大切

登板予定日が決まっている先発投手は、試合数日前から糖質を増やすなどして計画的にコンディショニングしていきます。

一方、中継ぎや抑えのリリーフ投手はいつでも登板できるよう常に準備を整えておかなくてはなりません。連続登板もあり得るため、疲労回復の食事が肝に。特にナイター登板後は食事時間も遅くなるので、体脂肪率を上げない献立を心がけています。

内野手・外野手｜「補食」が鍵の多忙なポジション

内野手・外野手は、ノックや走り込みなど多くの練習メニューをこなすため、とにかく忙しいのが特徴。昼ごはんを15分ほどでパパッと済ませることも少なくありません。だから、エネルギー補給は朝と夜が中心。

運動量が多い分、意識しないと体重が減ってしまうので、補食でこまめにエネルギーを補うなど栄養補給の意識を高く持つことが求められます。

捕手｜「判断力」を支える栄養素を積極的に

試合の流れを読み、素早く判断しなければならない捕手は、強靭な肉体と頭脳労働が鍵を握るポジションともいえます。

脳を活性化するとされる青魚のDHAを摂る、エネルギーが枯渇しないよう糖質をしっかり摂る食事はもちろん、自分に合ったサプリメントを考えながら取り入れている選手も多くいます。

虎の捕手陣も食事に関する質問のレベルが高く、栄養意識の高さが際立ちます。

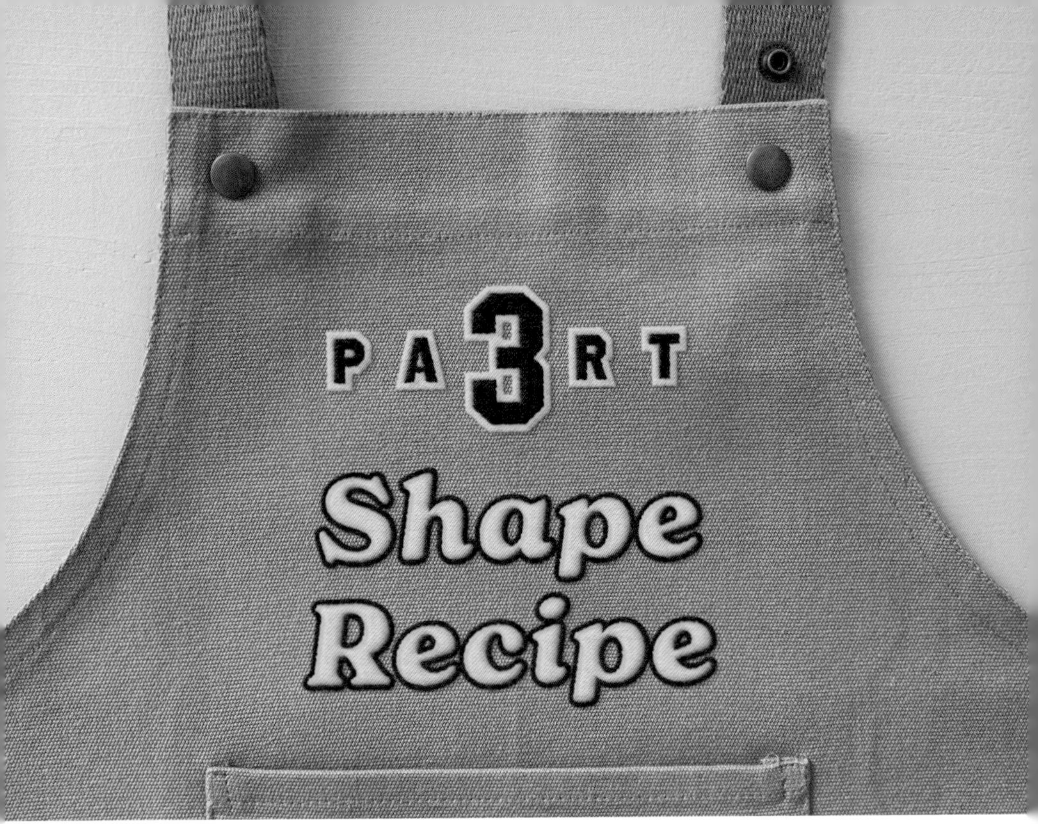

体をしぼる!

トラめし

こんな人におすすめ

体脂肪を落としたい！	お腹まわりをスッキリさせたい！
動きにキレを出したい！	夜遅い食事でもおいしく食べたい！

体をしぼる

トラめしのトリセツ

ウエイトコントロールはプロ野球選手の課題の一つ。筋力を維持しつつ体のキレを向上させる、トラめしノウハウをマスターしよう!

「**朝食べない**」は絶対NG。朝食が代謝アップの近道

プロ野球選手はオフシーズンのリフレッシュ後など、動きのキレを取り戻すため体をしぼることも。ただし、単なる減量では力強く打つ・投げる・走るパワーが損なわれる場合があるため、調整は「筋力を維持しながら体脂肪を減らす」という考え方が基本です。

その基本に則ると、**体脂肪を減らすには、実は「朝ごはん」を食べる**ことが近道になることも。朝食を食べることで一日の平均体温が上昇し、代謝が上がって脂肪が燃焼しやすい状態に。朝食では卵や牛乳、納豆などのたんぱく質を積極的に食べて、エネルギー代謝を促進しましょう。

糖質カットよりも「**脂質**」「**摂り方**」にこだわろう

筋トレブームと共に「糖質制限ダイエット」が一時期注目を集めましたが、プロ野球選手にとって糖質はパフォーマンス維持になくてはならないものです。糖質が不足すると、筋肉を分解してエネルギー源として消費してしまうため、理想のプレーができなくなってしまう可能性も。体脂肪を減らしたいなら、**❶糖質を確保して脂質をカットする、❷食物繊維を摂って血糖値を上げにくくする、❸太りやすい時間帯の食事を避ける、この3つのポイントを押さえましょう**。「体をしぼる期間も〝ごはん〟は抜かない」がプロ野球選手の鉄則です。

虎式・体脂肪マネジメント!

「体脂肪率を上げない」食事のTIPS

タイミングや食品の選び方……体脂肪マネジメントのテクニックを知れば、無理なく体脂肪を落とす＆体脂肪率を上げない体をつくれる！

1 小さな「**脂質**」カットを積み重ねる

体脂肪が気になる時でも「お米(糖質)を抜かない」よう注意。目指したいのは「痩せること」ではなく「動きのキレを上げる」体のしぼり方。**体脂肪だけを落とすには、脂質カットが最も効果的**です。右の調理法・選び方のヒントを参考に脂質カットの食事を継続してみましょう。

脂質カットのヒント

◎揚げるではなく「焼く・蒸す」に！
◎鶏肉は「皮」を剥がして調理！
◎乳製品は「低脂肪・無脂肪」に！
◎マヨネーズや生クリームは「使わない」！

2 夜の試合や練習後の**夕飯は2回に分けて**食べよう

ナイター後などの遅い時間は体脂肪が溜まりやすい時間帯。夕飯は、**「❶運動した直後」「❷帰宅後」の2回に分けて食べ**、❶はリカバリーのために糖質・たんぱく質を、❷は野菜や汁物で小腹を満たす程度に。少なくとも就寝1時間前には飲食を終えましょう。

❶ 運動した直後	❷ 帰宅後
おにぎり 丼もの　麺類	野菜スープ 鍋物　サラダ

3 「**血糖値**」の乱高下を最小限に留めよう

血糖値が急激に上がると、体脂肪の合成を促す「インスリン」というホルモンが多量に出てしまいます。そのため、甘いものや白米の「ドカ食い」は避けた方が無難。**野菜から食べる「ベジファースト」や、玄米ごはん、雑穀米、野菜、果物、きのこなどの「低GI食品」を活用**して、血糖値の乱高下を最小限に留める工夫を。

4 「**グルテンフリー**」を取り入れてみる

グルテンが多い食べ物

◎パン　◎麺類
◎カレー　◎餃子
◎焼売

グルテンフリーとは、小麦粉や穀物の中にある「グルテン」をカットした食事法のこと。GI値が高い小麦を控えることで、血糖値の上昇を緩やかにし、体脂肪を溜めにくくするといわれています。粉物の料理では、**大豆由来の「おからパウダー」や世界5大穀物の一つ「ソルガムきび」など、グルテンフリーの粉を小麦粉代わりに使う**という手も。

注意事項

「糖質制限」は短期間で

糖質も制限して脂肪を燃やしたい場合は、夜だけ制限して1ヵ月以内の短期間で実践を。筋力低下を最小限に抑えましょう。

体をしぼる！ 基本の献立

朝ごはん

血糖値上昇を緩やかに＆代謝をアップ！

体脂肪を燃えやすくする乳製品。「手作り濃厚ギリシャヨーグルト」(P73)は食べ応えもアリ！

いつもは副菜の「チキンとナッツのパワーサラダ」(P70)を主菜に置き換えれば、脂質を抑えて野菜・糖質をプラス

① 主食

食物繊維が豊富で血糖値の上昇を抑える玄米は、体をしぼるお助け食材。

② 汁物

野菜たっぷりのスープで食物繊維やビタミン、ミネラルを補給して。

③ 主菜

脂質をカットする調理方法や、良質な脂が摂れる魚メニューがおすすめ。

④ 副菜

代謝を促すビタミンCを多く含むブロッコリーは、味方につけたい食材。

⑤ 乳製品

ヨーグルトのビタミンB_2は代謝を促し、脂肪を燃えやすくする。

⑥ 果物

オレンジジュースなどのビタミンCは、体脂肪をエネルギーに変える働きが。

一般的な「ダイエット」と違い、野球選手は「筋肉量を落とさず体をしぼる」ことが重要です。活動量に見合ったエネルギーを補給しながら体をしぼるには、糖質は確保し、脂質をカットするのが近道。血糖値の上昇を抑える食品も活用しましょう。

体をしぼる！ 基本の献立

夜ごはん

「揚げない」調理で適度に脂質をカット

ナッツやチキン、バナナなどトリプトファンを含む食品は体をしぼる味方！
「ヘルシー甘辛チキン」（P67）のしっかり濃いめの味付けなら揚げ物でなくても満足感あり！
1
2
3
4
5
6

1 主食

夜も主食はしっかり。糖質が気になる場合は豆腐などに置き換えても◎。

2 汁物

食物繊維を摂って血糖値上昇を抑制。汁物では野菜や海藻をたっぷりと。

3 主菜

揚げない調理で脂質をカット。高たんぱく低脂質の鶏肉は特におすすめ。

4 副菜

サラダなど、野菜の副菜から「ベジファースト」で食べるとGOOD。

5 乳製品

牛乳のカルシウムが脂肪の分解を促し排泄をスムーズにしてくれる効果も。

6 果物

トリプトファンやビタミンB_6で脂肪燃焼を促すバナナがおすすめ。

糖質制限は筋力低下に繋がるため、実施するなら1ヵ月以内にとどめて。運動に必要な糖質は朝・昼の食事でしっかり補充し、夜だけ制限するのがパフォーマンスを落とさないコツです。脂肪の燃焼を促すトリプトファンを含む食品もぜひ取り入れて。

お好み焼きが好きですが、体脂肪と体重を気にしていたので、食物繊維が摂れるメニューはありがたいです。

大山悠輔選手

30分
調理時間

516 kcal
エネルギー
(1人分)

たんぱく質	28.4g
脂質	33.3g
炭水化物	23.6g
塩分	1.9g
食物繊維	9.1g

栄養豆知識

おからパウダーの代わりに、ソルガムきびの粉(P107参照)を使うのもおすすめ。減量時に必要な食物繊維や鉄が摂れます。

〝不動の４番〟として日本一に貢献！

大山悠輔選手③の「猛打めし」

主食

小麦粉不使用お好み焼き

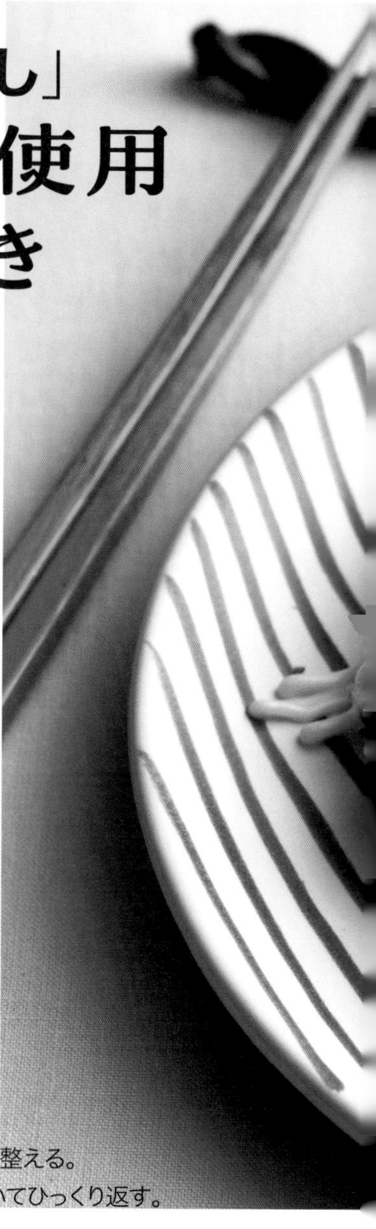

食物繊維が摂れる「おからパウダー」がポイント

{材料／２人分}

豚ロース薄切り肉	150g
キャベツ	200g
長芋	100g
おからパウダー（コーンスターチ 80gでも可）	30g
卵	２個
サラダ油	大さじ１
中濃ソース、マヨネーズ	各適量
かつお節、青のり	適宜
A だしの素	小さじ１
A しょうゆ	小さじ１
A 水	150ml

{下準備}

キャベツは粗い千切りにする。長芋はすりおろしておく。

{作り方}

❶ ボウルに長芋、卵、キャベツ、Aを入れ混ぜ合わせたら、おからパウダーを少しずつ加え、まんべんなく混ぜる。

❷ フライパンに油をひき、❶の半量（1枚分）を入れて形を整える。

❸ ❷の上に豚ロース薄切り肉を半量のせ、中火で5分焼いてひっくり返す。ふたをして、さらに5分ほど中火のまま蒸し焼きにする。

❹ 皿に盛り、ソースとマヨネーズをかけて完成。お好みで、青のりやかつお節をのせても◎。もう1枚も同じように作る。

Point! コーティング加工のフライパンを使って油を減らしたり、豚バラ肉をロース肉、マヨネーズをローファットにすることで、脂質をカットできる。

トラめしmemo｛糖質管理を徹底していた鳥谷敬さんの食事法を今も参考にしてます。（秋山拓巳選手）

主食 豆腐 de ガパオライス風

糖質制限中はお米の代わりに「豆腐」を活用

{ 材料 / 2人分 }

木綿豆腐	1丁(約350g)
鶏もも肉	200g
卵	2個
豆板醤	小さじ1
ピーマン	1個
パプリカ(赤・黄)	合わせて40g
玉ねぎ	½個
にんにく	1片
オリーブオイル	大さじ1
A オイスターソース	大さじ1
A 水	大さじ1
A ナンプラー	小さじ1
A 塩	少々

〔下準備〕

❶ 豆腐はキッチンペーパーで包んで重石をのせ、水切りしておく。水分が抜けたら12等分に切る。
❷ ピーマンと赤パプリカは1.5cmの角切りに、玉ねぎは角切り、にんにくはみじん切りにする。
❸ 鶏もも肉は1.5cmくらいの小さめの角切りにしておく。
❹ Aは混ぜ合わせておく。

〔作り方〕

❶ オリーブオイル半量をフライパンで熱し、豆腐を入れ、水分が飛ぶまでこんがり焦げ目をつけたら皿に盛る。
❷ 洗ったフライパンにオリーブオイルの残りを入れて熱し、にんにくと豆板醤を入れる。香りが出たら鶏もも肉を入れて中火で炒める。
❸ 鶏もも肉の色が変わったらピーマン、赤パプリカ、玉ねぎを加えて炒め、野菜に火が通ってきたらAを入れて水気がなくなるまでさらに炒める。
❹ 豆腐の横に❸を盛り、最後に目玉焼きをのせれば完成。

たんぱく質	36.8g
脂質	35.1g
炭水化物	11.6g
塩分	2.3g

調理時間 15分

エネルギー(1人分) 525kcal

栄養豆知識 糖質制限中は血糖値を上げやすいお米をカットすることで、脂肪を燃やしやすくします。そんな時、大豆食品は強い味方!

トラめしmemo 参考にしているのは近本光司選手! よく噛みゆっくり食べている。(**原口文仁**選手)

主菜

ヘルシー甘辛チキン

濃厚な味付けでもさっぱり！　ナイターや夜間練習後のごはんに

｛材料／2人分｝

鶏むね肉……2枚
薄力粉……大さじ2
サラダ油……小さじ2
白髪ねぎ、青じそ（千切り）、
マヨネーズ……各適宜
A
- しょうゆ、みりん、酒……各大さじ1
- 砂糖……小さじ2
- コチュジャン……小さじ1
- 白いりごま……小さじ2
- 七味唐辛子……小さじ1

｛下準備｝

❶ Aは混ぜ合わせておく。
❷ 鶏むね肉は2cm幅のそぎ切りにして、薄力粉をまぶす。

｛作り方｝

❶ フライパンに油を熱し、中火で鶏むね肉を火が通るまで焼く。

Point! 鶏むね肉は火を通しすぎるとパサついてしまうので、火を入れすぎないように注意。

❷ Aを入れて弱火でよく絡め、とろみがついたら皿に盛る。
❸ お好みで白髪ねぎ、青じそをのせ、マヨネーズをかける。

たんぱく質	44.7g
脂質	24.8g
炭水化物	18.3g
塩分	1.8g

調理時間 **10分**

エネルギー（1人分） **501kcal**

栄養豆知識
高たんぱく低脂質な鶏むね肉。高い疲労回復効果を持つイミダゾールジペプチドというアミノ酸が含まれるのもポイント。

トラめしmemo　食事はよく噛みます。ただ、噛みすぎて口の中が食べ物で渋滞します。（**近本光司**選手）

主菜 揚げないヘルシーとんかつ

ゲン担ぎの王道「とんかつ」。調理を工夫して脂質をカット

{材料/2人分}

- 豚ロース肉(とんかつ用)……150g×2枚
- 塩、黒こしょう……各少々
- 片栗粉……大さじ1
- 卵……1個
- パン粉……50g
- 千切りキャベツ……たっぷり
- 中濃ソース……適宜

{下準備}

❶ 豚ロース肉は筋を切っておく。
❷ パン粉はフライパンできつね色になるまでローストしておく。

Point! パン粉をローストすることで失敗なくカリッと仕上がり、ローファットになる。

❸ オーブンを220℃に予熱しておく。

{作り方}

❶ 豚ロース肉に塩、こしょうをふり、片栗粉をまぶす。
❷ 溶き卵に❶をつけ、パン粉をつける。
❸ 耐熱トレーにのせ、220℃のオーブンで20分ほど焼く。
❹ ❸を皿に盛り、消化を助けるキャベツをたっぷり添え、好みで中濃ソースをかけていただく。

たんぱく質	35.2g
脂質	32.7g
炭水化物	18.0g
塩分	0.6g

調理時間 **25分**

エネルギー(1人分) **526 kcal**

栄養豆知識 脂肪燃焼にも効果的なビタミンB_1を含む豚肉は、揚げずに焼くことで脂質をカット。キャベツと一緒に食べて消化を助けましょう。

トラめしmemo オフ期間中の減量食を吉谷さんに指導してもらい、期限内に目標体重を達成!(**岩貞祐太**選手)

汁物 鯖缶と野菜の具沢山汁

カルシウムたっぷり！　体よろこぶヘルシーなバランス味噌汁

{材料／2人分}

- 鯖水煮缶……1缶
- お好きな野菜、きのこ（白菜、芋、しめじなど）……約100g
- 食べるだし（作り方 P87）……小さじ2
- 水……300ml
- 味噌……大さじ2

{下準備}

❶ 鯖缶は汁気を切っておく。

Point! 鯖缶はしっかり汁気を切ることで、味噌汁に生臭みが残りにくくなる。

❷ 野菜は小さめ、薄めに切る。

{作り方}

❶ 鍋に、水と食べるだし、鯖と野菜を入れて火にかける。煮立ったらあくを取る。

❷ 野菜が煮えたら火を止め、味噌を溶き入れる。

たんぱく質	18.8g
脂質	8.8g
炭水化物	4.6g
塩分	2.4g
カルシウム	236mg

調理時間 **8分**

エネルギー（1人分）**179 kcal**

栄養豆知識　具沢山にすると汁物だけでも栄養バランスが整います。鯖缶を使うと良質な脂とカルシウムも摂れて嬉しい一杯に。

トラめしmemo　寮のリクエストメニュー「梅しそミルフィーユカツ」がお気に入り！（**才木浩人**選手）

副菜 チキンとナッツのパワーサラダ

〝しっかり噛むサラダ〟で満腹中枢と脳を刺激

｛材料 / 2人分｝

サラダチキン	1袋
素焼きミックスナッツ	大さじ2
ミックスビーンズ	50g
レタス類	120g（約半玉）
セロリ	40g
りんご	⅓個
バゲット	10cm
A エゴマオイル	大さじ1
A 酢	大さじ1と½
A 塩、黒こしょう	各少々
A マヨネーズ	大さじ1
A ペッパーソース（なければ一味唐辛子を3振り）	小さじ⅔

｛下準備｝

❶ サラダチキンは7mm幅に切る。レタス類は手で食べやすい大きさにちぎる。りんごは細切り、セロリは薄切りにする。

❷ バゲットは大きめの一口大に切り、カリッとするまでトーストする。

｛作り方｝

❶ サラダチキン、ナッツ、ビーンズ、レタス類、りんご、セロリ、バゲットをすべて混ぜ合わせて皿に盛る。

❷ Aを混ぜて❶にかける。

たんぱく質	25.5g
脂質	26.9g
炭水化物	26.5g
塩分	0.6g
食物繊維	7.2g

調理時間 5分

エネルギー（1人分）438 kcal

栄養豆知識 不足しがちな食物繊維などの栄養素が摂れ、パンも加わることでバランスも整う。減量時には嬉しい一品に。

トラめしmemo 今の自分に何が必要か、体調も鑑みて栄養指導していただき助かります。（石井大智選手）

副菜

鶏ささみみぞれ和え

減量の助っ人・鶏ささみは消化をサポートする大根おろしと

〔材料／2人分〕

鶏ささみ	2本
酒	大さじ1
大根	100g
青じそ	2枚
A ポン酢	大さじ1
A しょうゆ	小さじ2

〔下準備〕

大根はすりおろして水気を切る。青じそは千切りにする。

〔作り方〕

❶ 鶏ささみに酒をまぶし、耐熱皿にのせてふんわりラップをかけ、電子レンジで2分30秒加熱する。
❷ 鶏ささみの粗熱が取れたら手でさき、ほぐしておく。
❸ 大根おろし、青じそ、Aを❷に加え混ぜ合わせる。

たんぱく質	12.9g
脂質	0.5g
炭水化物	3.7g
塩分	1.6g

調理時間 7分

エネルギー（1人分）80 kcal

栄養豆知識
高たんぱく低脂質の鶏ささみは大根おろしと和えればさっぱりおかずに。レンジで作れるので暑い夏にもぴったりです。

トラめしmemo 吉谷さんから栄養の知識を学んで以来、妻がはりきって料理してくれる。（**加治屋蓮**選手）

副菜 トマトとしらす豆腐

サラダ感覚で食べられるたんぱく質補給おかず

{材料 / 2人分}

木綿豆腐……1丁(約350g)
トマト……1個
玉ねぎ……½個
しらす……30g
青じそ……適量
A 酢……大さじ2
A オリーブオイル……大さじ1
A 砂糖、しょうゆ……各小さじ2

{下準備}

❶ 豆腐は軽く水気を切り1.5cm角に、トマトも小さく角切りにする。玉ねぎは薄くスライスし、青じそは千切りにする。
❷ **A**は混ぜ合わせておく。

{作り方}

皿に盛った豆腐にトマト、玉ねぎ、しらすをのせ、**A**をかけ、青じそをのせる。

たんぱく質	17.0g
脂質	16.4g
炭水化物	20.9g
塩分	1.6g
カルシウム	92mg

調理時間 5分

エネルギー(1人分) 303 kcal

栄養豆知識 体をしぼりたい時は副菜でたんぱく質を摂ると効果的。豆腐に緑黄色野菜を合わせれば栄養バランスも整います。

トラめしmemo トマトは「丸い状態」のものが苦手。スライスなら食べられます。(**森下翔太**選手)

乳製品 手作り濃厚ギリシャヨーグルト

自宅で作れるギリシャヨーグルト！　機能性表示食品を加えて脂肪燃焼

｛材料 / 作りやすい分量｝

市販の無糖プレーンヨーグルト……400g
（できあがり約250g）

｛作り方｝

❶ 受け皿の上にザルをのせ、その上にキッチンペーパーを1～2枚セットし、ヨーグルトを全部入れる。
❷ 上からラップをかけ、冷蔵庫で2～6時間置く。水切りの時間が長いほど硬いギリシャヨーグルトになる。

甘みをつけるなら、
0kcalの希少糖がおすすめ
P108をチェック！

たんぱく質	7.4g
脂質	2.0g
炭水化物	10.4g
塩分	0.2g
カルシウム	260mg

調理時間 **2~6時間**

エネルギー（1人分 /125g） **90 kcal**

栄養豆知識 砂糖の代替で、自然由来の甘味料「アストレアW」（機能性表示食品）を使用し食後の血糖値の上昇をおだやかにして脂肪燃焼効果もUP。

トラめし memo ｛サプリも効果的に取り入れることで、よりプレーに打ち込めるように。（**梅野隆太郎**選手）

COLUMN 03

阪神タイガースの「ベンチめし」！試合中は何を摂る？

水分補給が試合の要。「選手オリジナル」ドリンクも！

試合中は、選手たちが最高のパフォーマンスを発揮できるように様々な「ベンチめし」を用意しています。糖質が摂れるドリンクタイプのゼリー、プロテイン、経口補水液がその代表。特に夏の試合では、熱中症対策が欠かせません。

汗をかく日は、ミネラルに加え、糖質とたんぱく質を含んだ飲み物を摂取することで、血液の水分量を保ちやすくなります。これを継続することで脱水予防となり、熱中症予防に繋がります。

このように、ベンチでの水分補給も「水を飲む」だけでなく、スポーツ栄養学に基づいて補給を行っているのです。

ちなみに、選手たちがベンチで飲むドリンクは、糖質やアミノ酸、クエン酸などを組み合わせて作る、「選手オリジナル」の場合も。選手が水分補給をする姿をよく見ると、ボトルの中の液体がそれぞれ違うことに気づくかも？

ベンチ裏に補食を用意。選手一人ひとりが考えて補給

ベンチ裏にはバナナやおにぎりなどの補食、ケータリングを用意しているので、試合直前、試合開始後、試合終了直後など、選手たちが必要に応じて各々で補給。

スタミナ切れを起こさせない、筋肉分解を抑える、疲労回復に繋げるなど、パフォーマンスと栄養の関係性を選手一人ひとりが考えながら、補食を取り入れています。

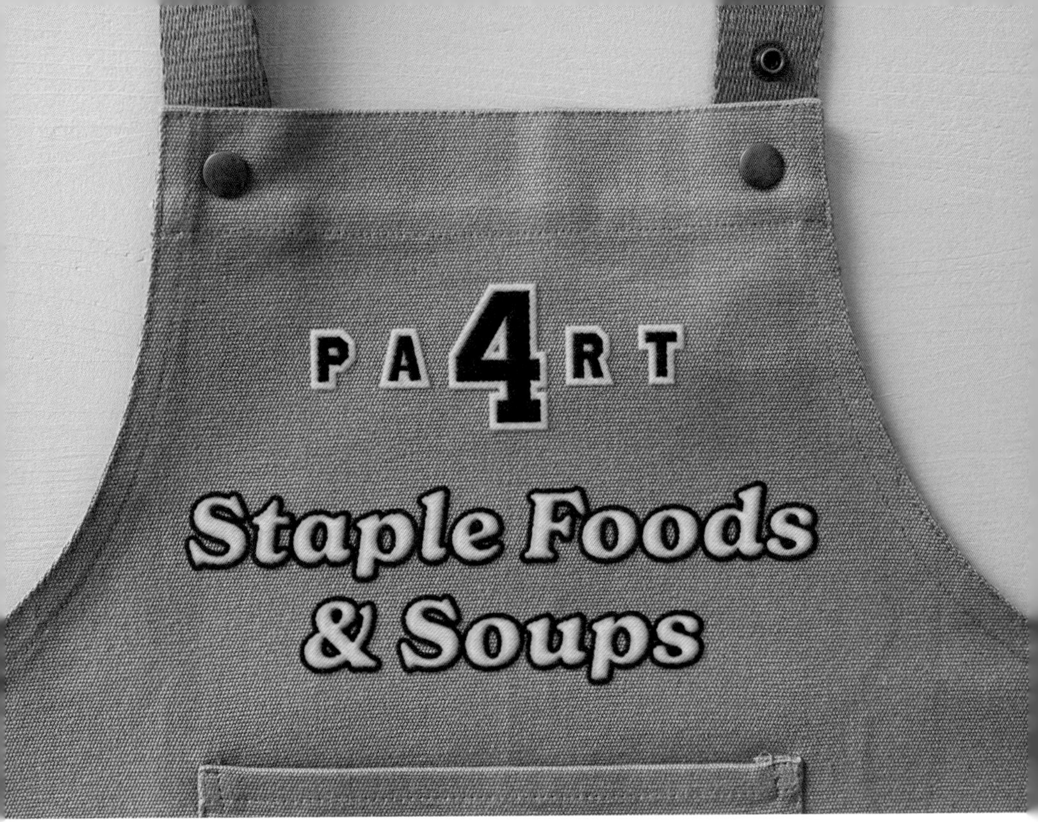
PART 4
Staple Foods
& Soups

活力の基礎！
主食と汁物

アスリートにとって主食はエネルギーの源、汁物は野菜補給のチャンス！　食欲のない日も1品でバランスよく栄養補給できる、他の主菜・副菜と合わせて大事な試合を乗り切る、火を使わない時短電子レンジ調理で夏バテを追い払う――。ファンの思いと共にグラウンドを駆け抜ける、虎戦士の〝主役級〟主食と汁物を大フィーチャー。

主食と汁物

トラめしのトリセツ

体をつくる、リカバリーする、体をしぼる、どの目的にも欠かせない、明日の元気を支える屋台骨「主食と汁物」を味方につけよう！

主食

玄米や雑穀米を取り入れたり、栄養豊富な具材と一緒に摂ったり。主食にも目を向ければ、もっと強くなれる！

1 野球選手には欠かせない主食「お米」は何を食べる？

筋肉づくりに必要な炭水化物を効率よく摂れるのは、パンより米飯。特に白米は消化吸収がいいので朝ごはんにおすすめです。玄米は、食物繊維が多いぶん消化に時間がかかるのでよく噛んで食べ、試合前夜や当日朝は避けたほうがいいでしょう。ただし、「発芽玄米」「金芽ロウカット玄米」なら吸収もよく朝ごはんにも◎！ 雑穀米も食物繊維とビタミンが豊富なアスリート食です。

おすすめ

食べにくさの原因となる玄米表面の「ロウ層」を取り除いた玄米。寮やクラブハウスでも提供する「金芽ロウカット玄米」（東洋ライス）は白米感覚で食べられて、虎戦士にも人気です。

内容量：2kg、4kg
価格：オープン価格

種 類	食べやすさ	栄養価	消化吸収	調理のしやすさ
白 米	◎	△	◎	◎
玄 米	△	◎	△	○
雑穀米	○	○	○	◎

2 丼物・麺類を美味しく、バランスよく！

丼一つでバランスよく栄養が摂れる丼物・麺類レシピは覚えておくと便利！ **低GIの玄米、そば、ビーフンや脂質控えめの具を使ったメニュー**など、主食のバリエーションが増えると食事の楽しさも広がります。

3 虎戦士たちの補食は「おにぎり」が大活躍

三食では足りないエネルギーを補う「補食」。虎選手たちは試合中や試合後にこの補食をこまめに食べてエネルギー補給しています。**日本の伝統食「おにぎり」に具材で栄養素をプラスすれば、立派な力めしに**早変わり！

汁 物

食卓では脇役になりがちな汁物。でも、実は汁物は栄養をプラスできるお役立ちメニューなのです！

1 アスリートの食事に汁物は強い味方！

不足しがちな栄養素が補給でき、食欲のない時にも食べやすい汁物。体を温めて胃腸の働きを活発にし、夏には塩分補給による熱中症予防効果もあるので、**アスリート献立ではぜひ味方にしたい料理カテゴリー**です。

2 野菜たっぷり「具沢山」を基本に

汁物に**一日の食事で摂れなかった食品**を意識して使えば、栄養バランスも格段にアップ。**具沢山にして「食べる汁物」**を目指しましょう。和風、洋風、中華風など味を変えて、食べる楽しみもプラスして。

おすすめの食材

芋 類　緑黄色野菜　きのこ
海 藻　魚類（あら・つみれ）
根菜類　豆 類　など

3 食材は「小さく・細く・薄く」切る

汁物の最大のメリットは、**汁に出た栄養も飲める**ということ！ 食材は小さく・細く・薄く切って、火にかけすぎずにさっと作るのが栄養を損なわないコツ。**「端野菜」も使えば経済的&栄養価もアップ**します。人参のくきの根元や大根の皮などは、実は一番栄養が凝縮されている部分。小さく切って汁物に活用を。

おすすめ情報

「ポタージュ」で吸収率アップ

ミキサーでポタージュにすると胃腸に優しく、栄養の吸収率もアップ。夏バテの時や疲労が蓄積している時などに利用しましょう。

4 手作り「食べるだし」でカルシウムを補給

煮干し・昆布・かつお節をミキサーで粉末状にした「食べるだし」（P87で紹介）は、汁の香りもよく、カルシウムもアップできる便利な手作り和風だし。お味噌汁や鍋物などにぜひ活用してみてください。

調理時間 1分

P87 参照

主食 マグロとにんにくの海苔巻き

トリプトファンでストレス緩和！　マグロの力で元気に

材料 / 2人分

ご飯	1合
マグロ	100g
にんにく	2片
卵	1個
焼き海苔（全形）	2枚
サラダ油	適量
A 酢	大さじ1
A 砂糖	小さじ2
A 塩	少々
しょうゆ、コチュジャン	各適宜

たんぱく質	21.2g
脂質	4.9g
炭水化物	64.3g
塩分	1.3g

調理時間 7分

エネルギー（1人分） 391kcal

下準備

1. 炊きたてのご飯によく混ぜたAをまわしかけ、切るように混ぜて冷まし、酢飯を作る。マグロは1cm角の棒状にする。
2. にんにくは薄切りにし、油をひいたフライパンで弱火でカリッと揚げておく。
3. 鍋に油を熱し、よく溶いた卵液を流し入れ手早く混ぜ、炒り卵を作る。

作り方

1. 揚げたにんにく、炒り卵を酢飯に加えて、混ぜ合わせる。
2. 巻きすに海苔をのせ、手前1cm、向こう側3cmあけ、❶を平らにのせる。
3. 酢飯の手前3分の1のところにマグロを置き、手前から巻く。形を整えて食べやすい大きさに切る。
4. お好みでしょうゆとコチュジャンを合わせたたれでいただく。

栄養豆知識　白米の代わりに玄米を使っても◎。たんぱく質とビタミンの相乗効果を生むだけでなく、お互いが持つ特有のにおいを消してくれます。

トラめしmemo　炭水化物は麺と米を一緒に食べる「ハイブリッド補給」が定番です。（**大山悠輔**選手）

主食

スタミナぶっかけそば

低GIで血糖値が上がりにくいそばメニューが電子レンジで完成

{材料 / 2人分}

冷凍そば……2玉
豚バラ薄切り肉……160g
塩……少々
トマト……1個
白ねぎ、青じそ……各適量
めんつゆ(3倍濃縮)……大さじ4

{下準備}

トマトはくし形切り、白ねぎの青い部分は小口切り、青じそは千切りにする。

{作り方}

❶ 冷凍そばは電子レンジで袋の表示通りに加熱。取り出したら冷水で締め、水気を切る。
❷ 豚肉を耐熱皿に広げて塩をふり、ラップをかけ、電子レンジで火が通るまで約1分30秒加熱する。
❸ 器に❶を盛り、❷、トマト、白ねぎ、青じそをのせてめんつゆをかける。

たんぱく質	27.2g
脂質	15.4g
炭水化物	69.8g
塩分	1.0g

調理時間 **8分**

エネルギー(1人分) **532** kcal

栄養豆知識 うどんに比べそばは血糖値の上昇が緩やかな低GI食品。火を使わない時短レンジ調理で、ビタミンなどの栄養を失わず食べられます。

トラめしmemo 自主トレ中の佐藤蓮選手は2～3人前食べる。食費が大変でした(笑)。(**岩崎優**選手)

主食 豚の蒲焼き丼

うなぎじゃなくても！　香ばしい豚の蒲焼きでおいしくスタミナUP

｛材料／2人分｝

ご飯……1.5合
豚ロース薄切り肉……300g
なす……1本
サラダ油……大さじ1
白髪ねぎ……適宜
ししとう……適宜
A しょうゆ……大さじ2
A みりん……大さじ2
A 酒……大さじ2
A 砂糖……大さじ1 ½

たんぱく質	37.6g
脂質	37.4g
炭水化物	108.1g
塩分	2.7g
ビタミンB_1	1.47mg

調理時間 10分

エネルギー（1人分）967kcal

｛下準備｝

❶ 豚ロース肉は筋切りをする。なすは縦2つに切り、さらに縦5mm幅に切って水に浸す。
❷ Aを鍋に入れ、焦げないように煮詰めて蒲焼きのたれを作る。

｛作り方｝

❶ フライパンに油を熱し、ししとうを転がしながら焼く。全体に焼き色がついたら取り出しておく。
❷ 同じフライパンに豚ロース肉となすを入れて焼き、火が通ったら蒲焼のたれを加えて絡める。
❸ どんぶりにご飯を盛り、❷をのせる。焼きししとうを添え白髪ねぎをのせる。

栄養豆知識 脂の多い肉は消化が悪く体への負担も大きくなります。こってり味付けでも、豚ロース肉を使えば脂質控えめの丼に。

トラめしmemo ｛白米・卵焼き・納豆・ウインナー・味噌汁。これが自分の勝ち飯！（**木浪聖也**選手）

主食 台湾まぜそば風ビーフン

米原料のビーフンでヘルシー★　でも食べ応え十分！

｛材料 / 2人分｝

ビーフン……100g
豚ひき肉……200g
豆板醤……小さじ2
おろしにんにく……小さじ2
小ねぎ……40g
卵黄……2個分
ごま油……大さじ1
A 酒……大さじ2
A 濃口しょうゆ……大さじ1
A オイスターソース……大さじ1
A 砂糖……大さじ1

たんぱく質	27.6g
脂質	31.5g
炭水化物	52.7g
塩分	2.8g
鉄	3.4mg

調理時間 15分

エネルギー（1人分）635 kcal

｛下準備｝

❶ 沸騰したお湯にビーフンを入れて6〜7分茹で、水洗いをし、しっかりと水気を切る。
❷ 小ねぎは小口切りにしておく。

｛作り方｝

❶ フライパンにごま油を熱し、豆板醤、にんにくを入れ香りが出るまで炒める。
❷ 豚ひき肉を加えてそぼろ状に炒め、Aを加えて弱火で2分ほど煮詰める。
❸ 器にビーフンを盛り、❷をのせて、ねぎ、最後に卵黄をのせ、よく混ぜてからいただく。お好みできざみのり（分量外）をかけても。

栄養豆知識
糖質制限中のプラスαめしに。あっさりしがちなビーフンですが、まぜそば風にすることで、満足感がアップします。

トラめしmemo　妻が作ってくれる絶品の「オムライス」が僕の勝負飯です！（秋山拓巳選手）

補食にも! バリエーション豊富な

トラにぎり

ツナマヨポパイおにぎり

**大人気ツナマヨも
ほうれんそうで栄養UP!**

{材料/2個分}

温かいご飯……200g
ほうれんそう……1株(20g)
ライトツナ缶(オイル漬け)……¼缶
めんつゆ(3倍濃縮)……小さじ¼
マヨネーズ……小さじ⅓
塩……適量
焼き海苔(おにぎり用)……2枚

{作り方}

❶ ほうれんそうを茹でて水気を絞り、2cm長さに切る。ツナ缶のオイルを切る。
❷ ほうれんそう、ツナ、めんつゆ、マヨネーズを混ぜる。
❸ ラップに塩、おにぎり1個分のご飯を広げ、中心に❷の具をのせる。具を包むようにラップでおにぎりを握る。
❹ 海苔で包む。

枝豆としらすのチーズおにぎり

ビタミンB群豊富な枝豆にカルシウムをしらす+チーズで

{材料/2個分}

温かいご飯……200g
しらす干し……大さじ1
プロセスチーズ……2個(35g)
冷凍むき枝豆……大さじ2
塩……適量

{作り方}

❶ 温かいご飯に、しらす、小さめに切ったチーズ、解凍した冷凍枝豆を入れ、よく混ぜる。
❷ 塩で味を調え、おにぎりを握る。

甘辛牛しぐれにぎり

牛肉でたんぱく質をプラス! 甘辛さがあとを引く

{材料/2個分}

温かいご飯……200g
牛こま切れ肉……40g
A ┌ しょうが(細切り)……3g
　│ 酒、水……各大さじ2
　│ しょうゆ……大さじ½
　└ 砂糖……小さじ1
焼き海苔(おにぎり用)……2枚

{作り方}

❶ 鍋にAを入れ、中火で一煮立ちさせ、牛肉を加えて煮汁がほとんどなくなるまで煮る。
❷ ラップにおにぎり1個分のご飯を広げ、中心に❶の具をのせる。具を包むようにラップでおにぎりを握る。
❸ 海苔で包む。

虎戦士たちも毎日おかわり！ おすすめのお米 「金芽米《きんめまい》」

「金芽米」は、東洋ライス独自の加工技術によって、ビタミンやミネラルなどの滋養源である玄米の栄養を残したまま、おいしく、消化性に優れた無洗米です。普通の精米方法ではヌカと一緒に取れてしまう、栄養と旨味成分が含まれる「亜糊粉層(あこふんそう)」を表面に残すことで、ほのかな甘みを感じられるのが特徴です。阪神甲子園球場のクラブハウスや虎風荘では、選手が「金芽米」か「金芽ロウカット玄米」のどちらかを選べるようにしています。

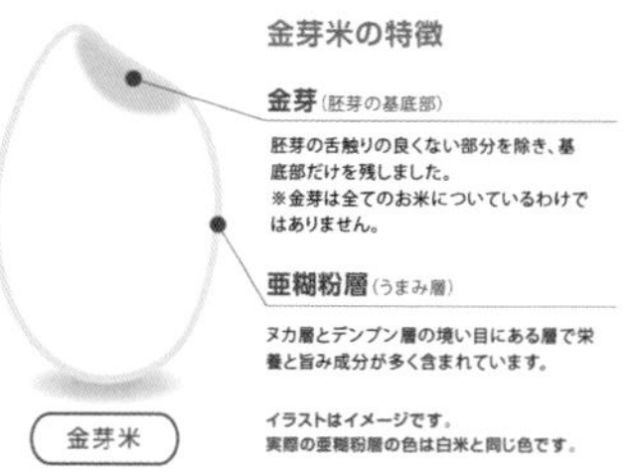
金芽米の特徴
金芽(胚芽の基底部)
胚芽の舌触りの良くない部分を除き、基底部だけを残しました。
※金芽は全てのお米についているわけではありません。
亜糊粉層(うまみ層)
ヌカ層とデンプン層の境い目にある層で栄養と旨み成分が多く含まれています。
イラストはイメージです。
実際の亜糊粉層の色は白米と同じ色です。
金芽米

(図版:東洋ライスより)

フライパン de 焼きおにぎり

香ばしさが食欲そそる、パクパク食べられる補食

{材料 / 2個分}

温かいご飯……200g
ごま油……適量
しょうゆ……適量
A 白だし……大さじ1
A かつお節……3g

{作り方}

❶ 温かいご飯にAを混ぜて、おにぎりを握る。
❷ フライパンにごま油を熱して❶を焼く。仕上げにしょうゆをまわし入れる。

ハムエッグのおにぎらず

栄養をギュッとサンド！　オールインワンおにぎらず

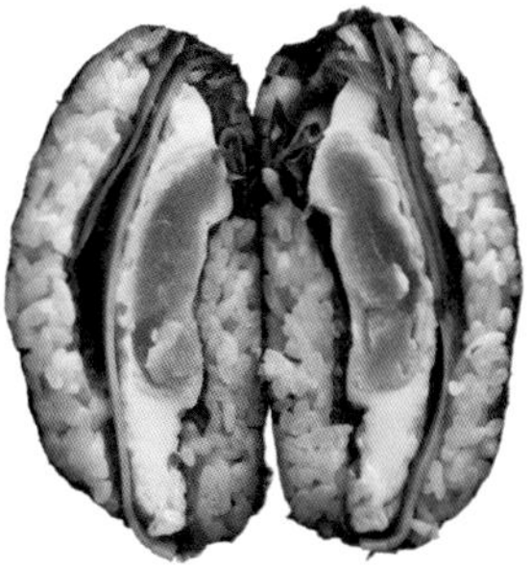

{材料 / 2個分}

ご飯……150g
海苔(全形)……1枚
ハム……1枚
卵……1個
レタス……適量(約½枚)
マヨネーズ……適量

{作り方}

❶ 目玉焼きを作る。
❷ 海苔より少し大きく切ったラップを敷いて海苔を置き中央にご飯を半量のせる。
❸ ❷の上にレタス、ハム、❶、マヨネーズ、レタス、半量のご飯を順にのせる。
❹ 左右、上下の海苔をたたんで包み、ラップでくるんで形を整え、ラップのまま真ん中で二つに切る。

作っておくと便利 アスリートふりかけ

たんぱく質＋カルシウムをたっぷり補給！

{材料 / 2個分}

大豆(水煮)……100g
小松菜……1株
ちりめんじゃこ……20g
かつお節……小1袋
白いりごま……小さじ1
ごま油、しょうゆ、酒……各小さじ1
鶏そぼろ 鶏ひき肉……30g
鶏そぼろ 砂糖、しょうゆ……各小さじ½
鶏そぼろ 酒、みりん……各小さじ¼
鶏そぼろ サラダ油……適量

{作り方}

❶ フライパンにサラダ油を熱し、鶏ひき肉を軽く炒め、しょうゆ、砂糖、酒、みりんで甘辛く煮て[**鶏そぼろ**]を作る。
❷ 小松菜を軽く茹で、1cm幅に切って水気を絞る。
❸ フライパンにごま油を熱し、水気を切った大豆、小松菜、ちりめんじゃこ、かつお節の順に入れて炒める。
❹ 鶏そぼろ、しょうゆ、酒を加えて汁気がなくなるまで炒め、最後にごまを混ぜれば「アスリートふりかけ」が完成。
★温かいご飯100gに「アスリートふりかけ」大さじ2を混ぜておにぎりを握れば、「アスリートおにぎり」のできあがり！

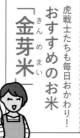

汁物 ネバネバ食材の食べるスープ

試合前にもピッタリ！　胃腸を守り、消化を助ける一杯

｛材料／2人分｝

- オクラ……6本
- もずく（塩抜き）……50g
- なめこ……½袋
- 塩……少々
- 小ねぎ、三つ葉……適宜
- A
  - 水……400ml
  - 鶏ガラスープの素……小さじ1
  - しょうゆ……小さじ½
  - 塩……少々

｛下準備｝

1. オクラは塩少々をふって軽くもみ、水洗いしてヘタを取り、輪切りに。なめこも水洗いしておく。
2. もずくは水気を切って3cm長さに切る。

｛作り方｝

1. 鍋にAを入れて一煮立ちさせる。
2. オクラ、もずく、なめこを加えて一煮立ちさせればできあがり。お好みで小ねぎの小口切りや細かく切った三つ葉を加えても。

たんぱく質	3.1g
脂質	1.0g
炭水化物	4.1g
塩分	0.7g

調理時間 7分

エネルギー（1人分） 32 kcal

栄養豆知識
虎戦士も好きなネバネバ食材は、胃腸を守り消化を助けてくれるので、試合前の朝食や試合後の夜ごはんにおすすめです。

トラめし memo ｛いつも料理を作ってくれる妻に感謝。でも頑張りすぎていないか心配。（**加治屋蓮**選手）

汁物 豆乳豚汁

豚汁に豆乳を入れてたんぱく質をプラス！　食べる味噌汁

｛材料／2人分｝

お好きな野菜、きのこ……全部で約400g
（にんじん、大根、ごぼう、白菜、しめじなど）

豚バラ薄切り肉……60g
こんにゃく（あくぬき不要のもの）……30g
顆粒だし（食べるだし小さじ2でもよい）……小さじ1
白ねぎ……適宜
水……200ml
無調整豆乳……400ml
味噌……大さじ2

｛下準備｝

野菜、きのこ、豚肉、こんにゃくは食べやすい大きさに切る。

｛作り方｝

❶ 鍋に水を入れて沸騰したら、だし、野菜、きのこ、豚肉、こんにゃくを加えて煮込む。

Point! 食べるだし（P87を参照）を使えば、カルシウムなどの栄養アップ！

❷ 野菜が煮えたら火を止め、味噌を溶き入れる。最後に温めた豆乳を加えて混ぜる。器に盛り、お好みで白ねぎの小口切りをのせる。

たんぱく質	15.2g
脂質	15.4g
炭水化物	24.9g
塩分	2.0g
カリウム	1090mg

調理時間 **15分**

エネルギー（1人分）**301kcal**

栄養豆知識
豆乳を活用すれば手軽にたんぱく質を補うことができます。この一杯で筋力低下を防ぐカリウムもしっかり摂れますよ。

トラめしmemo｛山形名物「芋煮」を妻も気に入ってくれて、家でも作ってくれます。（**中野拓夢**選手）

汁物 ごろごろ野菜のミルクスープ

あっさりした洋風スープは食欲がない日でも食べられる

{材料 / 2人分}

- お好きな野菜……全部で約150g
  （キャベツ、芋、かぼちゃなど）
- ベーコン……2枚
- オリーブオイル……小さじ½
- コンソメ（顆粒）……小さじ1
- 牛乳、水……各200ml
- 塩 、こしょう……各少々

{下準備}

ベーコンは5mm幅程度に、野菜は1cm角に切る。

{作り方}

❶ 鍋に薄くオリーブオイルをひき、ベーコン、野菜をさっと炒める。

❷ 水、コンソメ（顆粒）を加え、野菜がしんなりするくらいまで煮込み、牛乳を加えてさっと煮たら、火を止めて塩、こしょうで味を調える。

たんぱく質	6.9g
脂質	11.9g
炭水化物	12.6g
塩分	1.7g
カルシウム	128mg

調理時間 10分

エネルギー（1人分）182 kcal

栄養豆知識 コンソメベースのスープに牛乳を加えてカルシウムアップ。食材の栄養素を逃さないよう、火にかけすぎないのがコツ！

トラめしmemo サラッと系より野菜ゴロゴロの家庭の味っぽいカレーが好きです。（**桐敷拓馬**選手）

汁物

食べるだし

味噌汁１杯でカルシウム約36mg！　栄養満点の汁用だし

｛材料 / 作りやすい分量｝

煮干し：昆布：かつお節＝1：1：1

｛作り方｝

材料をミルミキサーに入れ、粉末状になるまで攪拌する。

Point! 細かいほうがよくだしが出る。しっかり粉砕しよう。

｛使い方｝

お椀1杯＝食べるだし小さじ2杯 を目安に使用する。水から入れて火にかけてもOK。

｛保存方法｝

保存用の瓶や密閉容器に入れて冷蔵庫へ。劣化が早いため、1週間程度で使い切る。

たんぱく質	2.5g
脂質	0.2g
炭水化物	1.4g
塩分	0.3g
カルシウム	36mg

※食べるだし小さじ2杯分

調理時間 1分

エネルギー（1人分）16 kcal

栄養豆知識

だしの材料を粉末状にすることで香りが豊かになり、栄養素も余すところなく摂取できます。干ししいたけを少し入れても◎。

トラめしmemo　小鉢をたくさん取っている坂本誠志郎選手。いつも栄養バランスがいい！（**木浪聖也**選手）

平田勝男ヘッドコーチに聞く!

トラめし 今昔物語

選手として、そして指導者として。阪神タイガースで2度の日本一を経験した平田ヘッドコーチが語る、虎戦士を支える「トラめし」の変化とは!?

PROFILE

ひらた・かつお

1959年生まれ。長崎県出身。1981年にドラフト2位で阪神タイガースに入団。不動のショートとして活躍し、ゴールデングラブ賞を4年連続受賞。1985年の優勝に貢献した。1994年の現役引退後は、同球団のヘッドコーチ、二軍監督などを務める。2023年に一軍のヘッドコーチに復帰し、岡田彰布監督と共に球団創設以来2度目、38年ぶりの日本シリーズ優勝へと導いた。

――平田ヘッドが現役選手として1985年に優勝した頃と比較して、「選手たちの食事」は変わりましたか?

変わったねえ。進歩したなんてもんじゃない。僕はファームでの指導経験が長いけれど、金本(知憲)監督(当時)なんかも若い選手たちに、「食べることもトレーニングの一つだ」と意識付けしていた。バランスや栄養に対する選手の意識は本当に高くなったと思う。それに、**一番変わったのは「ベンチで食べる」ようになったこと**やね。前川(右京選手)もこの前、試合後すぐにおにぎりを食べていたけど、今はベンチ裏にバナナやおにぎり、いろんなサプリメントも置いてある。**僕が現役の頃は、試合中に交代した選手がベンチ裏で何か食べとったら、「戻って声出せ!」なんて怒られた**からね。

Katsuo Hirata

――選手を取り巻く環境も、大きく変わっているんですね。

今は消費したエネルギーをすぐに補給するのが当たり前。イニングの合間、例えば5イニング後のグラウンドを整備している間に栄養補給したりね。**特にレギュラークラスの選手たちは栄養補給をしっかり自覚してやっていて素晴らしいなと思う。**二軍の若手選手たちも、気温が高い日は熱中症にならないように、言われなくても水分補給する習慣が身についている。「練習中に水飲むな!」っていう僕らの学生時代とは大違いですよ。

それに、今は球場でごはんを用意してくれるんです。トレーニング後、お風呂に入ってごはんを食べて、あとは家に帰ってゆっくりできるようになっている。選手にしたら至れり尽くせりだよね。**昔は、打てなかった日なんかは食欲もないし気まずいしで、僕も「今日はもう飲んで帰るか」っていう感じだった。**けれど今は、「切り替えていけよ」と先輩も我々も声をかけますし。不調だった本人は気にはしているだろうけど、打てなかった次の日もゲームは続くわけだから、

平田ヘッドの トラめし!

好物はパスタで、ペスカトーレとクリームパスタがお気に入り。寮の「豚キムチ丼」も最高やったなあ。食事に気をつけたい年齢やから、僕もよく吉谷さんに「これとこれどっちがええん?」と質問してます。

ちゃんと食事は摂っているよね。

——監督・コーチ陣が食事指導することもあるのでしょうか？

僕らからはほとんどない。野口（恭佑選手）なんかも丼鉢にてんこもりでごはんを食べているけれど、**食が細いと連続試合をこなせないことは、選手たちが一番わかっていると思う。**

お酒を飲む選手も減ったね。昔はビールを飲みながら鍋でもつついて、2時間も3時間も後輩を座らせてとかあったけど、今はそれもない。休日に飲みに行ったり、球団の集会で楽しく飲むのは今の選手たちも好きだけど、**日常的に飲む選手はほとんどいない**んじゃないかな。

——平田ヘッドが現役時代はよくお飲みになりましたか？

そもそも僕らの頃は、寮や遠征先のホテルで食事することなんてほとんどなかった。試合が終わったら、甲子園なら近くの中華か焼き肉、串カツを食べに行って。1試合で1・5〜2kgくらい体重が減るんで、体重を戻すために好きなものを好きなだけ食べる感じでね。

東京に遠征に行けば、当時六本木の防衛庁正門前にあった**「叙々苑」に必ず行って、「あそこに芸能人いるぞ！」なんて盛り上がったりしてね。**門限は1時やったけど、飲みに行ったら1時で帰れるわけないよね。でも、3時に帰って12時に起きれば、9時間は寝られるから（笑）。

東京遠征の食事は、「六本木の叙々苑」一択や！

——栄養指導が徹底している今とは全然違ったんですね。

特に栄養士の吉谷さんが来てからは、選手にもやし、寮や遠征先のホテル、球場で選手の食事を作ってくださる人たちにもアドバイスしてもらっていて。「みやざきフェニックス・リーグ」にも帯同させてもらった。**これだけ広い範囲に目配りするのは、本当に大変なこと**ですよ。

選手たちも、自分が何を食べたかスマホで写真を撮って記録するくらい意識が高いから、**食事を提供してくれるみなさんも一体となってくれている。**2023年の優勝も、全143試合を乗り切るスタミナの源になる食事をサポートしてくれた吉谷さんの力はものすごく大きい。

僕らにとっては、吉谷さんがMVPやね！

若虎めしに大注目

阪神タイガースに入団した若虎たちが過ごす選手寮「虎風荘」。試合や練習でへとへとの選手たちを温かいごはんで迎える、寮の食事情とは!?

寮の食事情に迫る!

若虎は年々「健康志向」に!?

毎年7～8名の〝若虎新入生〟が入寮する虎風荘。2009年から寮の調理場に立つ茨木康行料理長は、若手の食事意識の変化について、次のように実感しているといいます。

「以前は好きなものを好きなだけ食べる選手が多かった。でも最近は、**栄養指導のおかげで〝苦手なものも食べる〟若手が増えた**。選手も年々、健康志向になってきています」

寮ではそうした選手たちの〝食の変化〟も鑑みつつ管理栄養士とも相談し、**強い体をつくる、怪我をしない、血糖値の急上昇を避ける栄養素は何かを考えながら、献立を組み立てる**といいます。具体的には、朝はごはんと味噌汁、たんぱく質や野菜が摂れる小鉢のおかずなど。昼は丼物と麺類を中心に。

そして、選手たちが一番楽しみにする夜は、時に趣向を凝らした一品も考案。調理担当の廣瀬信光さんが教えてくれます。

「なるべく野菜を摂れるように、**かぶを器にしたグラタン**を出したことも。かぶを一度お出汁で炊いて内側をくり抜き、ホワイトソースを入れ、チーズをのせて焼いた器ごと食べられるメニューで好評でした。旬の野菜を食べてもらうのもそうですし、**選手に〝おいしい〟と言ってもらえるのはやはり嬉しい**です」

「色々なソース」を用意するワケ

洋食店のシェフを34年間務めてきた廣瀬さん。茨木料理長も元々はフレンチのシェフ。おいしさにもこだわった料理を糧に、若虎たちは日々鍛錬を重ねています。

ただ、ベテラン料理人の二人は、若虎たちに食事を提供する中でわかったことがあるとか。茨木さん曰く「**選手たちはいわゆる〝男めし〟が好き**」。だから、「例えばフレンチの技を活かして作ったソースが自慢の料理も、結局ウスターソースをかけて食べている。〝野球選手の料理は凝ったらあかん〟と思った(笑)」そう。その発見(落胆?)は寮の料理長として反省材料にし、技巧を凝らしたものより「**素材を活かして丁寧に調理する**」、全国から集まる選手たちのために「**色々なソースを用意する**」ことにしたそうです。

勝っても、勝てなくても、温かいごはんを

食欲旺盛な腹ペコの若虎、またある時は食欲がない若虎を調理場から静かに見守ってきた茨木料理長と廣瀬さん。特に印象

的な選手について聞いてみると、廣瀬さんは**桐敷拓馬選手**の名前を挙げます。その理由を、「とにかく食べっぷりがいい。ナイター後は軽めに済ませる選手も多いのですが、気持ちいいくらいモリモリ食べてくれる。料理人冥利に尽きます」と笑顔。そして、茨木料理長はこんなエピソードも教えてくれます。

「**原口文仁選手と横田慎太郎選手（享年28）**は、食事の後、朝晩欠かさずにテーブルの上まできれいに拭いて片付けていた。〝私ども仕事ですからあとは任せて休んでください〟と言っても、〝これだけはやります〟と絶対に譲ってくれない。そんなやりとりを今もよく覚えています」

選手たちの食に対する真摯な姿勢、礼儀正しさを、調理場からも日々感じているというお二人。「それは虎風荘の伝統ですか」と聞くと、茨木料理長は「いいえ。プロになるために努力してきた、**選手一人ひとりの今までの生き方によるもの**でしょう」と答えます。

毎日心を込めて作っています！

食堂で働くたくさんのスタッフが若虎たちの健康を支えてくれています。

最後に「2023年の日本一は、お二人の喜びもひとしおだったのでは？」と訊ねたところ、茨木料理長は次のように語りました。

「私ども調理場の人間は、**試合の勝敗については御法度というか、触れないようにしています。**厳しい勝負の世界。いつも勝ち続けられるわけじゃない。何点取ってよかったなあとか、次は頑張れよとか、そうしたことは口にしません。**勝った日もそうでない日も、選手に温かいごはんを提供する**のが私たちの仕事です」

人気メニュー

1位

すき焼き

10年ほど前から入寮日のお祝いメニューに定着。元々はしゃぶしゃぶだったそう。お肉は一人ずつ用意するので、取り合いのケンカにはなりません。

2位

豚キムチ丼

虎風荘名物ともいえる歴史ある逸品。豆板醤が利いたピリッと甘辛い味付けが旨い。

若虎戦士の声

休日前のメニュー「煮込みハンバーグ」が大好き。体重が落ちやすい夏場も、入寮後は食事やプロテインで体重管理ができるように。パフォーマンスの向上を感じています。いつもおいしいごはんをありがとうございます！

岡留英貴選手 64

寮の「すき焼き」はおいしすぎてたくさん食べてしまいます。食堂のみなさんが作ってくださるごはんと、吉谷さんの栄養指導のおかげで体が変わり、体重がいい感じに増えているのを実感。プレーにも繋がっています！

30 門別啓人選手

じゃがいもが好きで「ポテトサラダ」がお気に入り。体重が変動しやすいのでなるべく一定に保てるよう、野菜・たんぱく質を意識して食べています。寮のみなさん、吉谷さん、これからも毎日サポートよろしくお願いします！

前川右京選手 58

シーズン中の選手を支える

クラブハウスの舞台裏

シーズンが開幕すると、甲子園球場横にあるクラブハウスの〝トラめし〟が大活躍！
試合当日や練習に励む選手を支える、その舞台裏に潜入！

「一日三食」をここで食べることも

阪神タイガースのクラブハウスは、トレーニングルーム、ロッカールーム、球団事務所などを集約していて、シーズンが始まると選手たちはこの場所を拠点に練習に励み、試合に挑みます。クラブハウス内には食堂も完備。そこで虎戦士たちのパフォーマンスを食事面から支えているのが、調理担当の河西桃菜さんたち、厨房で働くスタッフです。

「私たちが提供するのは、主に試合前の食事がメイン。ただ、ナイターの日はリカバリーのための試合後の食事も、遠征先から試合当日に帰ってくる日は、〝試合前の練習後の食事〟も提供しています。なので、日によっては一日三食を選手たちがここで食事している形ですね」

２０１９年から、クラブハウスの食堂を任された河西さんでしたが、その後すぐに世界中で新型コロナウイルスが蔓延。クラブハウスでも〝三密〟を避ける感染症対策を徹底するなどの対応に追われました。特に困ったのが、食事の提供方法だったといいます。

「普段ならバイキング形式でおかわりも自由。ですが、感染症対策でそれができない。そこで、**お弁当を作って提供する**ことにしました。ただ、選手たち一人ひとりの求めている量や必要な栄養は違いますから、**おにぎりやバナナ、和菓子のおまんじゅうなどの補食を増やして工夫**することに。通常のバイキング形式に戻せた時は、これでまたしっかり食べてもらえる食事が出せると思って、本当にほっとしました」

腹ペコの選手たちに
ごはんで元気を届けます！

食堂管理者で調理人の河西さんを含め、3人で栄養たっぷりの食事＆補食を提供！

大充実の補食。節目には「赤飯」を

選手たちが試合前に食べている、バイキングの気になる内容はというと……まずなんといっても品数が豊富！**主菜の肉料理と魚料理を1種ずつ、副菜を3種、サラダのバイキング、主食は米飯各種に丼物、麺類はうどん・そば・ラーメン・パスタなど。麺は夏場には〝冷やし〟にアレンジも可。**「特に試合前は麺類を選ぶ選手も多いので、野菜やたんぱく質をプラスできるよう、ねぎや温玉などのトッピングも充実させるようにしている」そう。選手の体を気遣って作る、お腹に優しい**具沢山スープ**も虎戦士に大人気です。ちなみに、

❶金芽ロウカット玄米は白米感覚で食べられて選手にも人気。❷栄養素をプラスできるよう、「トッピング」も種類豊富に用意。❸MCTオイルなど、体にいいオイルを選手も積極的に取り入れます。

ホーム開幕戦の前には必ず「赤飯」を出していて、選手みんなで食べるそうですよ！

さらに、食堂の食事だけでなく、試合中のベンチ裏に置く補食も用意する河西さんたち。おにぎり、バナナをはじめ、日によっておまんじゅう、わらび餅、米粉のパウンドケーキなどアレンジを工夫しているそうです。

食事中に見た、選手たちの「意識の高さ」

球団関係者以外は入ることができないクラブハウス。食事中の選手の様子をこっそり聞いてみると、河西さんがこんなエピソードを教えてくれました。

「**バランスよく取り、きれいに食べてくれる佐藤輝明選手。**その姿勢は入団当初からずっと変わりません。**森下翔太選手はいつも『お腹すいた〜！』**と言って食堂に入ってきて、モリモリ食べてくれる姿が印象的です（笑）。それと、びっくりしたのは**坂本誠志郎選手。坂本選手は右投げ右打ちですが、利き手ではない左手でお箸を使って食事している。**長年習慣化しているようで、こぼすこともありません。選手たちの食事中の姿にも、改めて意識の高さを感じます」

食事への意識が高い選手たちをさらに栄養面で後押しすべく、月1回開催される**クラブハウス、寮、吉谷栄養士も含めた食事に関する全体ミーティング**では、今の課題やその対策について議論。調理を担うスタッフも一丸となって、虎戦士の活躍を日々支えています。

一度の試合で50個ほど作るという補食のおにぎり＆いなり寿司。〝おにぎり職人〞のベテランスタッフが握ります！

人気メニュー

1位　鶏のからあげ

にんにくを効かせた濃いめの味つけがポイント。一度に揚げる量は約10kg！

2位　豚キムチ丼

寮に続きランクイン！もはや虎戦士たちの〝ガソリン〞といってもいい一品。

3位　ハヤシライス

深いコクが病みつきに。リクエストで卵をかけ〝オムハヤシ〞にも！

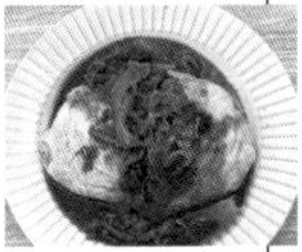

COLUMN 04

スポーツ栄養士がズバッと解決!

夫の食にまつわる妻の悩みTOP3

球団所属の栄養アドバイザーは、虎戦士の食事を作る妻たちに栄養アドバイスを行うことも。そんな時によく聞かれる「夫の食事の悩み」TOP3をQ＆A方式で紹介します。

お悩み第1位

Q 「ナイター後の食事」は何を食べさせたらいい?

解決!

睡眠のため「消化のいいもの」が最適解です!

選手たちには試合後、球団が用意するリカバリー食を摂ってもらい、家で2度目のごはんを食べる「分食」を推奨しています。家では睡眠のことを考え、消化のいいものを中心に。食物繊維が少ないうどんや雑炊、おかゆなどの軽食がおすすめです。おかずは野菜を中心に、茹でる・煮る調理で脂質を抑えたものにしましょう。

お悩み第2位

Q 「体脂肪」を落とすにはどうしたらいい?

解決!

簡単なのは「見えるあぶらを摂らない」こと!

体脂肪を落とすには脂質のカットが有効です。一番簡単なのは、「見えるあぶらを摂らない」こと。肉の脂身は切り落とす、マヨネーズは使わない、ドレッシングはノンオイルにするなど。フライパンもコーティングが優秀なものなら油をひかずに調理できます。ただ、あぶらは「おいしさ」でもあるので、可能な範囲でカットを。

お悩み第3位

Q 「塩分」はどこまで気にすべき?

解決!

まずは「調味料」に注意すればOK!

汗をかく野球選手は体内から出ていく塩分も多いため、意識して補う必要があります。朝ごはんでは「味噌汁」や「梅干し」で補給できるとGOOD。夜の塩分量が気になる場合は、減塩調味料などを使っても。日本人の食塩摂取量の約7割は調味料から摂っているというデータがあるので、まずは調味料の使いすぎに注意してみましょう。

PART 5
Time-saving
Recipe

忙しい人のための お助け トラめし

ナイター後は夕食が深夜になるプロ野球選手。そんな時でも欠かせないのが明日のパフォーマンスをつくるメニュー！　消化によく快眠を導く、超時短調理で休息を優先するなど、虎戦士のお助けレシピを大公開。料理する気力がない日はこれでOK！のコンビニめし、虎戦士が飲んでいる〝速攻〟パワーチャージドリンクも。

お助けトラめしとは？

1 夜遅いを助ける！

睡眠は「量」も重要。スムーズな休息と胃腸の消化・吸収を助ける夜遅めし

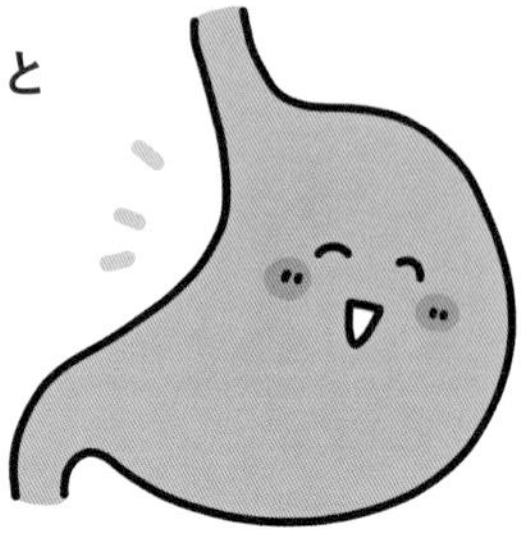

アスリートにとって「睡眠」は、練習と同じくらい大切な時間。**夜遅くに油脂量が多い食事を摂ると消化に時間がかかり、入眠を妨げたり、睡眠の質を下げたりする**ことに。鍋物や麺類などの胃腸にやさしいメニューなら、栄養を補給しながら快眠へ。疲労回復も助ける一石二鳥のレシピです。

2 忙しいを助ける！

時短レシピやコンビニの活用でバタバタしがちな毎日をサポート

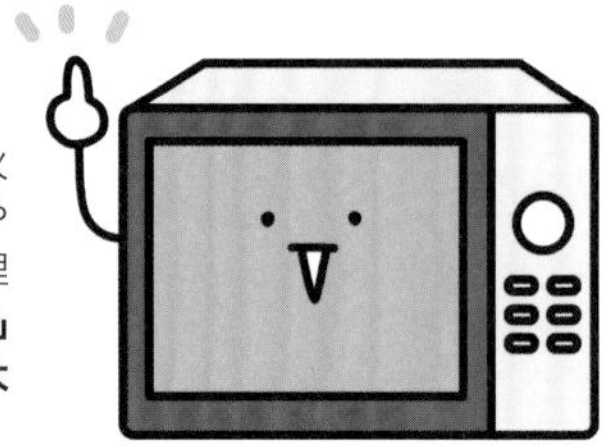

なかなか料理する時間がない、夏場はなるべく火を使いたくない……そんな時には、電子レンジや鍋一つで作れるトラめしレシピがお役立ち。料理を作る余裕すらない時は、**コンビニで「組み合わせ」を考えて選ぶだけで、即席のアスリート献立に大変身**。休息を優先したい日にぜひ活用を！

3 食欲がないを助ける！

噛むのも疲れる……そんな日にももってこいのお助けドリンク

三食のうちどれかを食べない「欠食」は、胃腸機能を弱めてしまう原因に。だから、暑さや疲れでバテ気味の時でも「食べない」はなし！　栄養たっぷりのスムージーやドリンクは、食欲がなくても栄養補給できる頼もしい助っ人です。三食きちんと食べる習慣のためにぜひ取り入れてみて。

夜遅レシピ

レンジでキムチ鍋

短時間調理で栄養を残す！　夜遅めしの王道「鍋」もレンジで

｛材料／2人分｝

豚バラ薄切り肉	200g
白菜	4枚
ニラ	1束
白ねぎ	½本
きのこ類	適宜
キムチ	50g
A　お湯	100ml
A　鶏ガラスープの素	小さじ1
A　しょうゆ	少々
A　にんにく（チューブ）	2cm
A　焼き肉のたれ	小さじ2
A　コチュジャン	小さじ2

｛下準備｝

❶ 野菜、豚肉は食べやすい大きさに切る。
❷ Aは混ぜ合わせておく。

｛作り方｝

❶ 蓋ができる耐熱容器に野菜、肉、好みできのこを並べ、Aとキムチを入れて電子レンジで3分加熱する（蓋がなければラップでも可）。
❷ 一旦取り出し、火が通っていなければさらに加熱する。

たんぱく質	21.4g
脂質	16.6g
炭水化物	13.5g
塩分	3.4g

調理時間　**8分**

エネルギー（1人分）　**293 kcal**

栄養豆知識　消化のいい鍋メニューは遅い夜ごはんにおすすめ。豚肉、ニラ、にんにく、キムチなど疲労回復食材で作りましょう。

トラめしmemo　豚キムチ、キムチ納豆などで、発酵食品を摂るよう意識しています！（**大山悠輔**選手）

疲れてお米を食べるのがキツイ時でも担々うどんなら食べられます。麺類は卵をのせて栄養バランスも意識します。
森下翔太選手

ピカイチの勝負強さで躍動！　森下翔太選手 ❶ の「若き主砲めし」

夜遅レシピ　豆乳担々うどん

胃腸に優しいうどんに栄養価をプラスして疲労回復に

{材料／2人分}

うどん	2玉
豚ひき肉	160g
小ねぎ	½束
卵	2個
無調整豆乳	400ml
水	200ml
しょうゆ	小さじ2
ごま油	小さじ2
A 豆板醤	小さじ2
A おろししょうが	小さじ1
B 白すりごま	小さじ2
B 豆板醤	小さじ2
B 鶏ガラスープの素	小さじ1

{下準備}

❶ 小ねぎは小口切りにする。
❷ お鍋に水（分量外）を沸騰させて火からおろし、冷蔵庫から取り出した卵をそっと入れて蓋をする。そのまま10〜12分置き、温泉卵を作る。

{作り方}

❶ フライパンにごま油をひき、Aを中火で炒め、香りが出たら豚ひき肉を加えてさらに中火で炒める。火が通ったらしょうゆを加えてなじませ、火から下ろす。
❷ 鍋に水を入れ、沸騰したらBを加えて混ぜ合わせる。豆乳を入れ、沸騰直前に火から下ろす。

Point! 豆乳はなめらかさを残すために、沸騰直前に火から下ろす。

❸ うどんを茹でて器に盛りつけ、❷の汁を注ぎ入れて❶をのせ、小ねぎ、温泉卵をのせる。

たんぱく質	36.5g
脂質	32.5g
炭水化物	65.2g
塩分	4.5g

調理時間 **10分**

エネルギー（1人分） **722 kcal**

栄養豆知識
消化スピードが速いうどんは、夜遅い日も気にせず食べられるおすすめ主食。これ一品で栄養たっぷり＆担々麺風なので食欲増進！

トラめしmemo 試合前の食事は食べやすさを重視。「うどん」をよく食べています。（**西純矢**選手）

夜遅レシピ

鶏と卵の中華粥

早く寝たい、だけど食べたい！　という夜の救世主

｛材料／2人分｝

鶏もも肉……100g
卵……1個
小ねぎ、ラー油……各適宜
A
- ご飯……200g
- 水……300ml
- 鶏ガラスープの素……小さじ1
- しょうゆ……小さじ½

｛下準備｝

鶏もも肉は一口大に切る。

｛作り方｝

❶ 鍋にAを入れて火にかける。沸騰したら鶏もも肉を入れて2～3分煮込む。溶き卵を入れ、さらに2～3分煮込む。
❷ 器に盛り、お好みで小ねぎの小口切りをのせ、ラー油をかける。

たんぱく質	14.6g
脂質	12.6g
炭水化物	39.2g
塩分	1.6g

調理時間 8分

エネルギー（1人分）341kcal

栄養豆知識
休息を優先したい時のお助けメニュー。少量でも鶏だしの旨みが満足度を高め、たんぱく質も摂取できます。

トラめしmemo　高校・大学時代は、プロテインといえば「ストロベリー味」でした。（**森下翔太**選手）

お助けコンビニめし

昼ごはん

エネルギーを補いつつ栄養をプラスする組み合わせを選ぶ

パターンA

おにぎり
（3個）

＋

ゆで卵

＋

チーズ

＋

野菜ジュース
or スムージー

パターンB

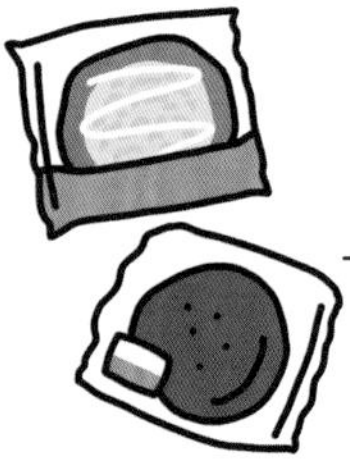

パン
（2個）

＋

ツナサラダ

＋

ヨーグルト

＋

果汁100%
オレンジジュース

選び方のコツ！

おにぎりやパンだけでは栄養が偏ってしまう。不足しがちなたんぱく質、ビタミン、ミネラルをプラスする食品を組み合わせることで、ハイカロリーの弁当1個よりもバランスのいい献立に。おにぎりの具材はツナマヨや鮭、または納豆巻きがおすすめ。

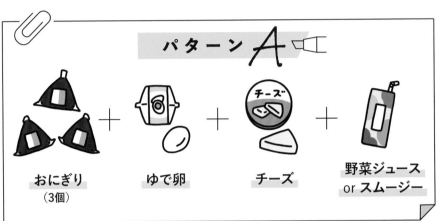

お助けコンビニめし

夜ごはん

疲れた夜は食べやすいものorバランスのいい弁当を選ぶ

パターンA

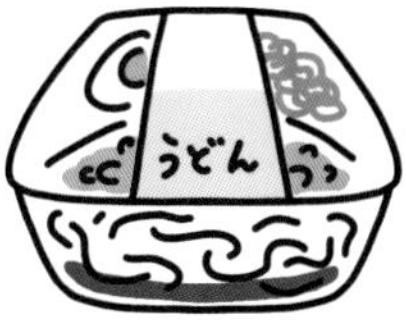

冷やしうどん

＋

サラダチキン

＋

野菜ジュース
or スムージー

パターンB

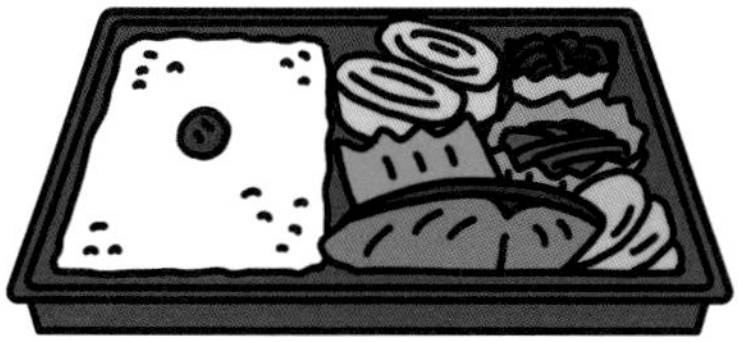

幕の内弁当

＋

飲むヨーグルト

選び方のコツ！

夏でもさらっと食べられる「冷やしうどん」は、サラダチキンや野菜ジュースなどで栄養をプラス。揚げ物メインの弁当は脂質過多になりがちなので避ける。魚や煮物など、色々な食材がちょこちょこ食べられる「幕の内弁当」なら栄養バランスも整いやすい。

ジー&ドリンク

バナナ入り プロテインスムージー

定番！ 虎戦士のリカバリードリンク

｛材料／2人分｝

バナナ……2本
牛乳……400ml
プロテイン……袋の表示に従って2杯分の分量

｛作り方｝

ミキサーに適当に切ったバナナ、牛乳を入れ軽く攪拌してから、プロテインを入れさらに攪拌する。混ぜすぎると泡がたくさんできるので注意。

Point! 脂質が気になる時は低脂肪牛乳を使おう。

栄養豆知識 バナナ、牛乳、プロテインだけで立派なリカバリードリンクに。選手たちも朝食時や練習後に飲んでいる定番メニューです。

調理時間 2分

エネルギー（1人分）260 kcal

たんぱく質	23.7g
脂質	3.4g
炭水化物	36.4g
塩分	0.6g
カリウム	740mg

疲労回復スムージー

小松菜&パプリカが疲れに効く

｛材料／2人分｝

バナナ……1本
小松菜……2株
赤パプリカ……⅓個（約40g）
低脂肪牛乳……200ml
りんごジュース……100ml

｛作り方｝

小松菜は4〜5cmの長さに切る。バナナ、パプリカは適当な大きさに切る。ミキサーに材料を全て入れ、滑らかになるまで攪拌する。

栄養豆知識 朝スムージーは効率よく栄養補給できる一杯。カルシウム、ビタミンCがたっぷりのスムージーで、疲労回復効果も。

調理時間 3分

エネルギー（1人分）119 kcal

たんぱく質	4.9g
脂質	1.3g
炭水化物	24.4g
塩分	0.2g
カルシウム	170mg

超簡単スムー

調理時間 2分

エネルギー(1人分) 97 kcal

たんぱく質	4.8g
脂質	1.2g
炭水化物	18.3g
塩分	0.1g
ビタミンC	51mg

トマトオレンジスムージー

キリッと爽やか、ビタミンC補給に

{材料/2人分}

オレンジジュース……200ml
トマト……中½個
プレーンヨーグルト(無糖)……200g
ミント……適宜

{作り方}

❶ トマトはヘタを取って一口大に切る。
❷ ミキサーにトマトとオレンジジュース、ヨーグルトを入れ、20秒ほど攪拌する。お好みでミントを飾る。

栄養豆知識 腸内環境を整えるヨーグルト、緑黄色野菜、柑橘類を使った免疫アップのためのスムージー。酸味が爽やかで夏に最適。

調理時間 2分

エネルギー(1人分) 83 kcal

たんぱく質	1.7g
脂質	0.1g
炭水化物	18.9g
塩分	0.2g

甘酒スカッシュ

汗をかいた日の「夜」に飲む一杯

{材料/2人分}

甘酒缶……1缶
炭酸水(無糖)……200ml
レモン汁……小さじ2
レモンの輪切り……2枚
氷……適宜

{作り方}

❶ 甘酒缶をしっかり振ってからグラスに注ぎ、その上から静かに炭酸水を注ぐ。
❷ レモン汁を加えて軽く混ぜ合わせたら、レモンを飾る。氷はお好みで。

栄養豆知識 「飲む点滴」とも言われる甘酒は熱中症対策にぴったり。酒粕や麹には腸内環境を整える効果もあるので、夜に飲むのがおすすめ。

05

用意しておくと便利！

お役立ち「アスリート食材」

本書のレシピにも登場する、用意しておくと便利な「アスリート食材」を一挙紹介！
スーパーによくある食材ばかりなので、ぜひ参考にしてみてください♪

特におすすめはこの7つ！

卵	アミノ酸のバランスがよく、ビタミンB群も豊富です！
鶏ささみ	高たんぱく低脂質の代表選手。さっぱり食べられる♪
カツオ	たんぱく質がたっぷりでミネラルも豊富！　ゲン担ぎにも
しらす干し	カルシウムが補給できる「海のサプリ」。色々な料理に
小松菜	クセがなく食べやすい、カルシウムが多い野菜の代表格
ニラ	疲労回復効果のある香り成分・アリシンで元気に
牛乳	カルシウムが効率的に摂れるアスリートドリンク！

こんな食材も活用したい！

〈冷凍・冷蔵保存食品〉

豚肉	ビタミンB群の優秀補給食材
チーズ	料理に入れてカルシウムUP
納豆	たんぱく質やビタミンB_2が摂れる
梅干し	クエン酸、塩分補給の救世主
豆腐	植物性たんぱく質で低糖質

にんじん	抗酸化ビタミンを多く含む
トマト	ビタミンCとリコピンたっぷり
ブロッコリー	葉酸で貧血対策にも
キウイ	ビタミンCたっぷり
餅	冷凍しておくと便利

〈常温保存食品〉

そうめん	炭水化物スピードメニューに
パスタ	みんな大好きな炭水化物食材
里芋	炭水化物豊富で消化を助ける効果も
長芋	夏バテの回復を助ける栄養素が豊富
かぼちゃ	ビタミンを補給できる便利な食材

玄米	ビタミンB群が補給できる
バナナ	炭水化物とミネラルが豊富
ツナ	たんぱく質がいつでも補給できる
切り干し大根	カルシウムを効率的に補給
あさり水煮缶	ミネラル豊富で料理のコクもUP

コツを掴んでさらにパフォーマンスUP!

もっと知りたい トラめし

虎戦士の活力を支えるのは「食事」だけとは限らない!?　多くのアスリートのパフォーマンスを支えるサプリメントや、地球にやさしいサステナブルな取り組み、さらに最新体調管理法まで、さらなる高みを目指す選手たちが取り入れているものを紹介。昨日より今日、さらに夢に近づくために一緒に円陣を組んで「バモス(さあ行こう)」!

地球にやさしい

トラめしの取り組み

阪神タイガースでは、一人ひとりがサステナブル(持続可能)な社会を目指して日々取り組んでいます。虎戦士が実践する「地球にちょっといいこと」とは?

「代替肉」や「代替小麦」も取り入れて

地球温暖化や食糧不足への懸念が叫ばれている昨今、「食の持続性」という観点からも「大豆ミート」が広まっています。大豆たんぱく質から作られた大豆ミートは、調理方法を工夫することでほぼ肉のような食べ応えを得られ、しかも高たんぱく低脂質なので、アスリート食材としても優秀。球団が提供する**「トラめし」でも、お昼ごはんの「麻婆丼」に大豆ミートを使っています**。ちなみにアスリートは、動物性のたんぱく質の「ホエイプロテイン」を摂っているイメージがあるかもしれませんが、**虎戦士たちは「ソイ(大豆)プロテイン」も積極的に取り入れています**。

また、虎戦士の食事には**「ソルガムきび」**という穀物も使用。ソルガムきびは、日本では「たかきび」と呼ばれるイネ科の植物で、小麦・米・トウモロコシ・大麦と並ぶ世界5大穀物の一つ。少ない水でよく育つため、環境に優しい穀物として今改めて注目が集まっています。ちなみに、**ソルガムきびはグルテンフリー。粉状のものは小麦粉の代替として、乾燥パスタの製品は小麦パスタの代わり**においしく食べることができます。

「マイボトル」でペットボトル削減

寮ではペットボトルの飲み物をなくし、「マイボトル」を使う形に変更しました。自室で飲んだり、練習に持って行ったりと、もはやマイボトルは選手たちの相棒的アイテム。阪神甲子園球場でも、飲み物は基本的に自分で補給するスタイル。日々の練習と同じようにコツコツと、地球にやさしいアクションを積み重ねています。

Bob's Red Mill ソルガムフラワー

日本では「モロコシ」や「たかきび」と呼ばれる栄養豊富な雑穀、ソルガムフラワー（ソルガムきび）。ミネラルや食物繊維が豊富で、小麦の代わりに料理やお菓子作りに。
内容量 :624g 価格:1620円（税込み）
輸入元:アリサン有限会社

虎戦士たちは「残食ゼロ」

毎日の食事は虎戦士たちの力の源。寮やクラブハウス、遠征先のホテルでも、調理を担当するスタッフ一人ひとりが虎戦士の体を気遣いながら、様々な食材を使ったメニューを用意しています。そうした料理は、**選手が自分の課題や食の好みに合わせて食べられるよう、ビュッフェやバイキング形式を採用**。選手の取り方を見ながら作り足していくスタイルなので、提供皿に料理はほとんど残りません。

虎戦士たちのすごいところは、そうして**自分のトレーに取り分けた料理を食べ残してしまう「残食」がほぼゼロ**なこと。塩分過多を避けるため「麺類の汁は半分残すように」と栄養指導はしていますが、それ以外は「きれいに食べ切る」習慣が身についています。これは今に始まったことではなく、ＳＤＧｓが世の中に浸透する前から徹底されていたこと。「いただきます」と「ごちそうさまでした」を欠かさないのも、チームの伝統といえるかもしれません。

寮のウォーターサーバーからマイボトルに水を汲む選手たち。当たり前のように飲んでいたペットボトル飲料がなくなったことで、水分補給の意識にも高まりが。

クラブハウスで自分がトレーに取ったメニューをきれいに完食した佐藤輝明選手。最後に感謝の気持ちを込めて、「ごちそうさま」も忘れません！

「サプリメント」でサポート

虎戦士の愛用サプリ

コンディショニングのためにプロ野球選手たちが採用しているサプリメント。
自分の課題を見極めながら取り入れてみましょう！

「リカバリーする！」
におすすめ

EPA・DHA + V.E

油脂はエネルギーとしての役割だけではなく、人体の細胞膜を構成し、生理活性を助ける大切な栄養素です。魚の油に由来する大切な成分がEPAとDHAです。EPAは人の体内で作ることができない必須脂肪酸です。

内容量：660mg×180粒 価格：8640円（税込み）
株式会社ニューレックス

「体をつくる！」
におすすめ

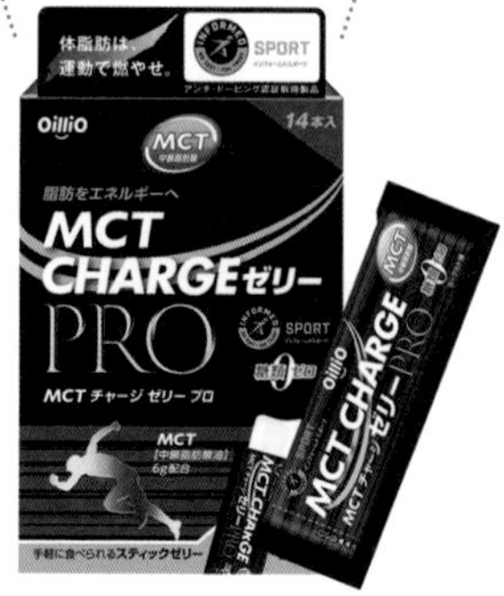

MCT CHARGE ゼリー PRO

1本15g中にMCTを6g配合し、糖類ゼロ。ヨーグルト味のスティックゼリーです。トレーニングに必要なエネルギーを手軽に補えます。同シリーズにはオイル（P57）もあり、使用シーンにより使い分けもできます。

内容量：15g×14本 希望小売価格：2138円（税込み）
日清オイリオグループ株式会社

「試合後の
たんぱく質補給」に

WINZONE ホエイプロテイン パーフェクトチョイス（プレーン味）

創立100年を超える製薬会社による、高品質な製品です。国内製造で、アスリートも安心して利用できる「アンチドーピング認証」を取得済み。アスリートに不足しがちなビタミン・ミネラルも豊富に配合しています。

内容量：1kg 価格：3240円（税込み）
日本新薬株式会社

「体をしぼる！」におすすめ

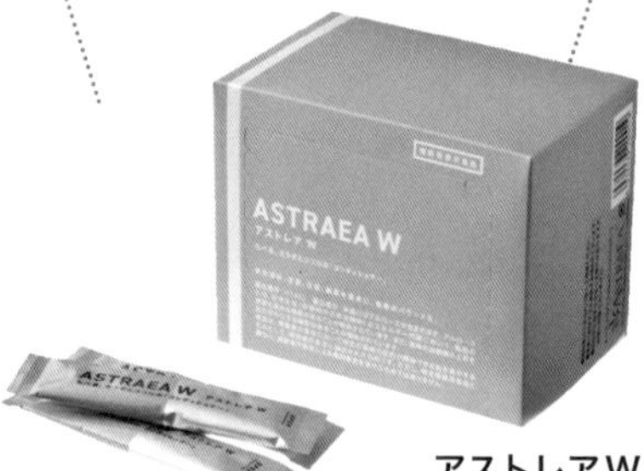

アストレアW

「アルロース」は自然界にごくわずかしか存在しない「希少糖」の一種。甘さは砂糖の約7割で、カロリーゼロの自然由来の甘味料。甘さの欲求を満たしながら脂肪燃焼を期待したいアスリートや減量期のトレーニーにぴったり。ヨーグルトにかけて食べても◎。

内容量：5.2g×30本 価格：3240円（税込み）
株式会社レアスウィート

選手が注目する体調管理法

最新事情

自分自身の体質や特徴をより知るために、「検査キット」を活用する選手もいます。
ここでは体調管理の参考になる最新検査キットをご紹介！

「**腸内細菌の特徴**」を調べて食事に反映する

BENTRE

「BENTRE(ベントレ)」は、アスリートの腸内細菌を研究している「AuB」が開発した腸内細菌検査キット。腸内環境と食事を分析してオーダーメードの解析結果を作成し、最適なアドバイスを届けてくれます。

価格:22000円(税込み) AuB株式会社

唾液で「**遺伝子タイプ**」を知る

遺伝子検査
元気生活応援キット

DHCの「元気生活応援キット」は、ヒトゲノム計画に基づき89遺伝子のSNP(一塩基多型:塩基の並びが1ヵ所だけ異なる)を調査。個人の体質や生活習慣病のリスクを知ることができます。

価格:20167円(税込み) 株式会社DHC
パーソナルサプリ・遺伝子検査相談室

「**遅延型フードアレルギー**」検査で食品との相性を知る

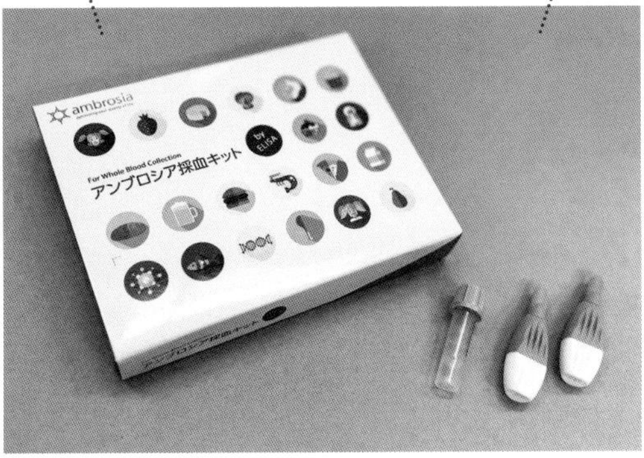

IgG 食物過敏セミパネル
日本向け食品 120項目

最新技術のマイクロアレイを採用し、日本人の食生活にお馴染みの乳製品、野菜、果物、肉、ナッツ、穀類、コーヒー、スパイス、海藻など120項目の食品を一度にチェックできる採血検査キット。自分に合った食材選びと食事プランの作成に役立ちます。

価格:38808円(税込み) アンブロシア株式会社

おわりに

この本を手に取り、最後まで読んでいただきありがとうございました。普段あまり見ることのできない、虎戦士の食生活やコンディション管理のヒントが少しでも伝わっていたら嬉しく思います。

この9年間、多くの選手への栄養サポートを通してわかったことがあります。一つめは、プロアスリートとしての意識の高さ、怪我や苦悩との闘い、そして勝利への執念とそれを得たときの喜び――常に「本気の感情」が虎戦士の中には詰まっていることです。彼らとの出会いが私自身の成長も支え、貴重な宝物となっています。

もう一つは、選手の裏側で支える指導者やスタッフの「情熱」です。チームを勝たせるためには、選手と同じかそれ以上の熱量と覚悟を持って接する必要があると多くの方から学びました。寮やクラブハウス、遠征先のホテルで調理を担当する方たちもその一人です。提供するその一食が選手の力となるよう、味付け、見た目、調理法の工夫を欠かさず、これはもはや「調理場のアスリート」であると私は思います。38年ぶり日本一の裏には、選手と同じ目標を追い続け、どんな時でも選手のことを思いながら全力を尽くしている人がたくさんいることを、この本で知っていただけたら幸いです。

そして、体づくりは食事だけではなく、運動や休養も一緒に行ってこそ成し得るものです。本書で伝える選手の言葉や情報が、皆さんのパフォーマンス向上や健康維持に役立つことを願っています。

最後になりましたが、本書を刊行するにあたり、ご協力いただいた制作スタッフの皆様、そして阪神タイガースの選手・スタッフの皆様に心から感謝いたします。

令和6年5月

阪神タイガース栄養アドバイザー

吉谷佳代

阪《はん》神《しん》タイガース認《にん》定《てい》レシピ集《しゅう》

トラめし

強《つよ》い体《からだ》、
疲《つか》れない体《からだ》をつくる！

2024年5月17日　第1刷発行

監修者　吉谷《よしたに》佳《か》代《よ》

発行者　清田則子

発行所　株式会社　講談社
〒112-8001
東京都文京区音羽2-12-21

電話　編集　03-5395-3469
販売　03-5395-3606
業務　03-5395-3615

印刷所　大日本印刷株式会社

製本所　大口製本印刷株式会社

KODANSHA

ISBN 978-4-06-535612-8

吉谷佳代（よしたに・かよ）

阪神タイガース栄養アドバイザー
管理栄養士、公認スポーツ栄養士。2001年徳島大学医学部栄養学科（現・医学部医科栄養学科）卒業後、食品メーカーへ入社。健康食品開発や、スポーツサプリメントの研究開発に従事。その傍ら、管理栄養士、スポーツ栄養士として、多くのアスリート、学生スポーツ、ジュニアへの栄養指導、食育イベントに携わる。2015年より、阪神タイガースの栄養アドバイザーを担当。筋肉強化や増量、減量など、パフォーマンス向上のための栄養指導を選手たちに直接行うほか、選手の妻たちへの栄養学・料理講習、選手寮や遠征先ホテルのメニュー監修、クラブハウスの食堂メニューに関するアドバイスなど、虎戦士たちの「食と栄養にまつわる指導」を一手に担っている。

写真提供　阪神タイガース
撮影　青砥茂樹（料理・講談社写真部）
デザイン　小林昌子
スタイリング　竹中紘子
勝部晴実
イラスト　ヤマサキミノリ
編集協力　金澤英恵

協力　阪神タイガース
阪神甲子園球場
阪神コンテンツリンク
ウエルネス阪神
東洋ライス
日清オイリオグループ
松谷化学工業